Spencer Johnson

Eine
Minute
für mich

Rowohlt

Die Originalausgabe erschien 1985 unter dem Titel
«One Minute for Myself»
im Verlag William Morrow and Company, Inc., New York
Aus dem Amerikanischen übersetzt von Lieselotte Mietzner
Umschlag- und Einbandgestaltung Werner Rebhuhn

10. Auflage September 2001
Copyright © 1987 by Rowohlt Verlag GmbH, Reinbek bei Hamburg
«One Minute for Myself» Copyright © 1985 by Spencer Johnson, M.D.
Alle deutschen Rechte vorbehalten
Das Symbol der Minuten-Bücher **'01'**® ist ein
eingetragenes Warenzeichen
Gesetzt aus der Trump-Mediaeval (Linotronic 202)
Gesamtherstellung Clausen & Bosse, Leck
Printed in Germany
ISBN 3 498 03321 2

Meinem besten Freund
gewidmet

 # Das Symbol

Das Symbol für Eine Minute – wie es auf modernen Digitaluhren erscheint – soll jeden von uns daran erinnern, eine Minute Pause zu machen, sich zu sammeln und zu überlegen, wie wir mit uns selber guten Umgang pflegen können – ebenso gut und ebenso oft, wie wir mit anderen Menschen Umgang pflegen.

 Inhalt

⏱ Eine Minute für mich

Minimaler Aufwand.
Maximaler Gewinn.

ES WAR EINMAL ein Mann, der strebte in seinem Leben nach einem harmonischen Gleichgewicht.

Er wollte sich wohl fühlen, im Beruf genauso wie zu Hause. Und er wollte, daß auch andere Menschen heiter und produktiv lebten.

Obwohl er sein Bestes gegeben hatte, um sich und seine Mitmenschen glücklich zu machen, hatte der Mann nur Enttäuschungen erlebt. Wie er es auch anfangen mochte, er tat offenbar nie genug.

War er allein, fand er nicht die innere Ruhe, nach der er sich sehnte.

In seinen geschäftlichen und persönlichen Beziehungen fehlte ebenfalls etwas Entscheidendes.

An guten Tagen enttäuschte er manchmal sich selber oder die anderen. An schlechten Tagen fügte er – gewöhnlich ohne es zu wollen – anderen Schmerz zu.

Diese Erfahrungen hatten den Mann skeptisch werden lassen.

Das Geheimnis innerer Harmonie schien ihm verschlossen.

Er hatte jedoch lange genug nach dem Glück gesucht, um einzusehen, daß er es nur *in sich selber* finden konnte.

Aber er fragte sich, welche Auswirkungen das auf andere Menschen haben würde.

Da begann der Mann ernstlich nach einem Menschen Ausschau zu halten, der das, was er suchte, bereits gefunden hatte und der bereit war, sein Geheimnis mit ihm zu teilen.

Aus seinem Umgang mit vielen Menschen wußte der Mann, daß es den anderen ebenso ging wie ihm. Er hatte nur wenige gefunden, die glücklich zu sein schienen. Und diese wollten oder konnten ihm nicht verraten, worin ihr Geheimnis bestand.

Dem Mann war jedoch klar, daß er die Antwort bald finden mußte, denn schließlich stand sein Wohlergehen und das seiner Kollegen und seiner Familie auf dem Spiel.

Wo konnte er bloß jemand finden, der die Antwort kannte, der danach lebte und fähig war, sie ihm in einfachen Worten zu erklären?

«Vielleicht sind diese Dinge zu persönlich, um mit einem Fremden darüber zu sprechen», dachte er. «Also, kenne ich denn wirklich niemanden…?» Da fiel ihm jemand aus seiner Verwandtschaft ein, der im Lauf weniger Jahre berufliche Erfolge errungen und insgesamt glücklicher geworden war.

«Der Onkel», wie ihn in der Familie jeder nannte. Ihm fehlte es, von guter Gesundheit bis zu einem gesunden Finanzpolster, an nichts. Außerdem erfreute er sich eines harmonischen Familienlebens und vieler guter Freunde. Der Neffe hatte jedoch gehört, daß das nicht immer so gewesen war.

Der Onkel wirkte stets heiter, so wie alle, die um ihn waren. Der Mann erinnerte sich daran, daß auch er bisher bei jedem Zusammentreffen mit dem Onkel von dessen Fröhlichkeit angesteckt worden war.

Der Onkel verstand es, sich und seine Umgebung glücklich zu machen.

Der Mann fragte sich, warum er sich bisher eigentlich noch nie in Ruhe mit seinem Onkel unterhalten hatte. Sie hatten bei Familienfesten immer nur oberflächlich miteinander geredet.

Er ging zum Telefon und bat seinen Onkel um ein Treffen. Der Besuch sollte am nächsten Tag stattfinden.

DER ONKEL ÖFFNETE seinem Besucher lächelnd die Tür. Sobald der Mann es sich bequem gemacht hatte, fragte er: «Ich möchte dich gern etwas Persönliches fragen, Onkel. Bist du glücklich?»

«Ja», sagte der Onkel, «ich bin sehr glücklich. Ich muß allerdings dazusagen, daß das vor einigen Jahren noch ganz anders ausgesehen hat. Damals war mein Leben ein einziges Durcheinander.»

«Ich möchte dir nicht zu nahetreten, Onkel – aber erzählst du mir, wie sich das geändert hat?»

«Nichts leichter als das», antwortete der Onkel. «Immer wenn ich den Überblick verliere und mir keinen Rat mehr weiß, helfe ich mir, indem ich mir sage: Daß mir die Situation so verzwickt erscheint, ist ein Teil des Problems. Lösungen sind meist ganz, ganz einfach!

Damals, als es mir schlecht ging, fand ich meine Probleme jedoch meist sehr kompliziert», bekannte er. «Dabei war die Antwort, sobald ich einmal daraufgekommen war, fast immer erstaunlich naheliegend. Manchmal so sehr, daß es mir hinterher fast peinlich war, wie lange ich danach gesucht hatte.

Um es kurz zu sagen: Ich lebe glücklicher, seit ich begonnen habe, gut für mich *und* für die anderen zu sorgen.»

Das hatte der Mann nicht erwartet.

Er fragte gleich nach: «Gibt es dir mehr, wenn du dich um dich, oder wenn du dich um andere kümmerst?»

«Das hängt eng miteinander zusammen», meinte der Ältere. «Im Grunde kann man es überhaupt nicht trennen.

Ich bin immer dann am glücklichsten, wenn ich es schaffe, die Balance zwischen diesen beiden wesentlichen Positionen zu halten», fuhr er fort. «Das eine Mal ist es besser, anderen den Vortritt zu lassen. Das andere Mal hilft es mehr, wenn ich zuerst gut für mich selber sorge.

Das Angenehme dabei ist, daß die Art und Weise, wie ich für mich selber sorge, gewöhnlich auch den anderen nützt.

An die anderen zu denken, *ist* bereits eine Art, etwas für mich zu tun», fügte der Onkel hinzu. «Denn dadurch fühle ich mich ruhig und ausgeglichen.

In meinem Leben lief nichts mehr, weil ich zu sehr darauf aus war, es den anderen recht zu machen, und mich selber vernachlässigte. Heute nehme ich beides gleich wichtig.

Es ist merkwürdig, aber seit ich angefangen habe, besser mit mir umzugehen, sagen mir alle, daß sie sich in meiner Nähe wohler fühlen als früher.

Ich mag mich mehr, und ich mag die anderen mehr. Die anderen haben mehr von mir und kommen mit sich selber besser klar.»

Der junge Mann war skeptisch. «Das klingt zu simpel, einfach zu schön, um wahr zu sein. Vielleicht bin ich ja mit meinen Problemen noch nicht sehr weit gekommen, aber in meinem Leben geht es eben auch nicht so einfach zu!»

Sein Onkel erwiderte: «Das macht nichts, daß du nicht gleich ja und amen sagst. Aber das Geheimnis eines glücklichen Lebens ist tatsächlich so einfach, praktikabel und wirkungsvoll, daß alle etwas gewinnen, wenn du es in die Tat umsetzt!»

Und wie um es seinem Neffen noch plastischer vor Augen zu führen, schrieb der Ältere etwas auf ein Blatt Papier. Er reichte es dem Mann, und dieser las:

Erst muß ich mit mir selbst
richtig umgehen,
dann kann ich auch
mit anderen Dingen
und Menschen
richtig umgehen.

«Mit mir selbst richtig umgehen», wiederholte der Onkel. «Was heißt ‹mit mir selbst›? Mein ‹Selbst› ist das, was ich bin. Dein ‹Selbst› ist das, was du bist. Dein Selbst und mein Selbst sind so verschieden wie unsere Fingerabdrücke. Wir sind beide einzigartig und unwiederholbar – wie alle anderen Menschen auf der Welt auch.

Mit diesem unserem Selbst müssen wir richtig umgehen.»

Der Neffe fragte: «Warum ist das so wichtig?»

«Wenn wir gut für unser Selbst sorgen, werden wir gesünder und glücklicher. Und dann sind wir eher in der Lage, auch anderen beizustehen.»

Der Onkel hielt einen Augenblick inne und sagte dann: «Vor ein paar Jahren fing ich an zu begreifen, was Glück ist, als ich mir nämlich das entgegengesetzte Extrem genauer ansah. Was glaubst du, wie Menschen reagieren, die so unglücklich sind, daß sie schwer depressiv werden?»

Der Mann sagte: «Sie kümmern sich um gar nichts – nicht um sich selber noch um andere, noch um irgend etwas in ihrer Umgebung.»

«Genauso ist es», stimmte ihm der Onkel zu. «Sie kümmern sich um nichts. Und was meinst du, wie einem zumute ist, wenn man mit Leuten zu tun hat, die sich um gar nichts kümmern?»

Der Mann lächelte und sagte: «Deprimierend ist das.»

Der Onkel bemerkte dazu: «Wer nicht gut für sich selber sorgt, ist demnach bestimmt nicht gut für andere. Wenn sie sich besser um sich selber kümmern würden, wäre das nicht auch besser für ihre Mitmenschen?»

Während der Mann noch darüber nachdachte, fragte der Onkel weiter: «Was ist das erste Anzeichen, daß es einem Depressiven besser geht?»

«Wenn er anfängt, sich wieder besser zu pflegen. Wenn er sich zum Beispiel die Haare wieder kämmt.»

Der Onkel nickte. «Genau. Gesunde Menschen sorgen gut für sich. Wer angeschlagen ist, fängt oft an, sich zu vernachlässigen.» Dann kehrte er zu seiner eigenen Geschichte zurück. «Was glaubst du, was ich getan habe, um aus meiner Misere herauszukommen?»

Der Onkel gab sich selbst die Antwort: «Ich fing an, mich als *Selbstbetreuer* zu sehen. Das kannst du auch, wenn du willst.

Stell dir doch mal vor, du wärst ein angesehener Gärtner. Du betreust einen herrlichen großen Park. Aus der ganzen Welt kommen Besucher, die dich und dein Werk bewundern.

Schau dir mal im Geiste an, was du geschaffen hast. Erfreue dich am Duft der Blumen und an ihrer Farbenpracht...»

Der Onkel wartete einen Augenblick, damit der Neffe sich in Ruhe in diese Vorstellung vertiefen konnte. Dann fragte er: «Wie fühlst du dich bei dem Gedanken, einen solchen schönen Garten zu betreuen?»

«Gut», dachte der Mann. «Ich fühl mich dabei sehr gut.»

Ohne eine Antwort abzuwarten, sagte der Onkel: «Ich bin innerlich im Gleichgewicht, wenn ich deutlich erkenne, daß mein Garten in Bereiche eingeteilt ist: ‹Ich›, ‹Du› und ‹Wir›.»

Der Neffe fragte: «Heißt das, du sorgst wie ein sorgsamer Gärtner für das Ich, für das Du und für das Wir?»

«Ja», antwortete der Onkel. «Das ‹Ich›, das ist mein eigenes Selbst. Das ‹Du›», er nickte dem Jüngeren zu, «das ist das ‹Ich› in dir. Du hast dieselben Grundbedürfnisse wie ich, deshalb erkenne ich die Bedürfnisse deines ‹Ichs› an, wenn ich mit dir zusammen bin.»

Der Onkel stand auf, ging zu seinem großen Globus in der Zimmerecke hinüber und legte die Hand auf die Kugel. Dabei sagte er: «Und das ‹Wir›, das ist die Beziehung, die zwischen dir und mir besteht – egal, ob du nun ein Familienmitglied, ein Geschäftspartner oder ein Fremder auf der anderen Seite der Erdkugel bist.»

Der Onkel strahlte Frieden und Energie aus.

Der Mann wollte mehr erfahren. «Würdest du mir wohl den ersten Teil deiner Lebensphilosophie erklären, das Für-mich-selbst-Sorgen?»

Der Onkel nickte. «Aber gehen wir doch dazu nach draußen in den Garten», schlug er vor. «Wir wollen uns ein wenig Sonne gönnen.»

Der Mann sah sich im Garten seines Onkels um. Er hörte einen Springbrunnen plätschern und sah eine Fülle bunter Blumen. Friedliche Stille umgab ihn. Da fing er an zu begreifen, wie gut es für ihn wäre, wenn er etwas vom Hegen und Pflegen eines Gärtners an sich hätte.

«Wenn ich mir meinen Garten ansehe», sagte der Onkel nachdenklich, «kann ich mir kaum noch vorstellen, wie elend ich mich einmal gefühlt habe.»

«Was war damals falsch gelaufen?» fragte der Mann.

«Nichts Spektakuläres – nur eben, daß ich nicht gut für mich sorgte. Zuerst verstand ich selber nicht, was mit mir los war. Ich merkte nur, daß mich sogar meine Erfolge im Beruf kalt ließen, und auch von meiner Familie und meinen Freunden hatte ich nicht viel.

Bei genauerem Hinsehen erkannte ich, daß ich mehr für mein Geschäft tat als für meine Familie, aber um die kümmerte ich mich immerhin noch aufmerksamer als um mich selber. Mein Leben war völlig aus dem Gleichgewicht.»

Der Mann fragte: «Und was hast du dann getan?»

«Es klingt wie eine Banalität: Ich habe mehrmals am Tag abgeschaltet und mir *eine Minute für mich* genommen.»

«Eine Minute? Das ist aber nicht besonders lang», entgegnete der Mann.

«Lang genug, um glücklicher zu werden», sagte der Ältere. «Jetzt schau mal auf deine Uhr. Bleib ganz ruhig sitzen. Schau erst wieder auf die Uhr, wenn du meinst, daß genau eine Minute vergangen ist, keine Sekunde mehr oder weniger.»

Der Onkel wartete, während sein Neffe schweigend dieses kleine Experiment durchführte. Er wußte schon, was dabei herauskommen würde.

Nach einer Weile sah sein Neffe auf die Uhr. «Erst achtunddreißig Sekunden!» sagte er überrascht. «Eine Minute ist ja viel länger, als ich dachte.»

Sein Onkel lächelte. Es war jedesmal das gleiche. «Wenn wir ruhig sind, ist eine Minute eine lange Zeit.»

«Warum gerade eine Minute?» fragte der Mann.

Der Onkel erklärte: «Weil ich mir in einer Minute ruhiger Konzentration erst meine Handlungsweise *bewußtmachen* und dann *entscheiden* kann, ob es nicht eine bessere Möglichkeit gibt.

Neben allem anderen, womit ich sonst für mein Ich, das Du und das Wir sorge», fuhr der Onkel fort, «investiere ich diese *Extraminute* in mich und meine Mitmenschen. Ohne sie ist alles andere nur halb so viel wert!»

Der Mann fragte: «Wie geht das mit dieser Minute?»

Der Onkel antwortete: «Ich unterbreche, egal, was ich gerade tue, und frage mich leise: *Gibt es in diesem Augenblick eine bessere Möglichkeit, für mich zu sorgen?* Das hört sich vielleicht seltsam an, aber es funktioniert.

Wenn ich eine Minute innehalte, um ruhig nachzudenken, sehe ich oft einen besseren Weg. Und den nehme ich, wenn es irgend geht.»

«Aber wie kannst du dich in einer Minute um das Du kümmern?» wollte der Mann wissen.

«Ich ermutige dich – das ‹Ich› in dir – einzusehen, daß du und ich gleich sind. Auch für dich ist es wichtig, daß du dich um dein Selbst kümmerst. Ich rege dich dazu an, dir eine Minute Zeit zu nehmen, um dich leise zu fragen: *Gibt es in diesem Augenblick eine Möglichkeit, besser für mich zu sorgen?*

Du hast genauso das Recht auf Umsorgtwerden wie ich. Wie das aussehen kann, erfährst du, indem du in dich hineinhorchst.»

Der Mann fragte: «Und wie sorgst du für das Wir?»

«Ich rege mich und meine Partner immer wieder dazu an, daß wir uns die Zeit für die Frage nehmen: *Erwarte ich von einem anderen Menschen oder von unserer Beziehung das Unmögliche – für mein Wohl zu sorgen? Oder sorgt jeder von uns so gut für sich, daß wir unsere Beziehung zueinander sogar noch mehr genießen können?*»

Der Onkel hörte den Zweifel heraus, als sein Neffe fragte: «Wie kann denn eine so simple Sache eine so große Wirkung haben?»

«Weil diese Minute, in der ich mich still auf mein Verhalten oder meine Einstellung konzentriere, zu etwas sehr Wirkungsvollem führt», antwortete der Onkel. «Ich wende mich nach innen, um auf meine eigene Weisheit zu hören.

Ich nehme mir mehrmals am Tag eine Minute Zeit, um innezuhalten und mir mein Verhalten anzusehen. Das ist das gleiche, wie wenn ich im Auto durch die Stadt fahre und an den Stoppschildern vor einer Kreuzung anhalte. Die Schilder helfen mir, sicher an mein Ziel zu gelangen.»

Der Mann erkannte: «Du hältst an und schaust dich um – klar, dadurch vermeidest du es, mit einem anderen zusammenzustoßen und dich zu verletzen.»

«Ja», sagte der Onkel. «Ich stoppe, schaue mich um und erkenne, daß ich verschiedene Möglichkeiten habe. Ich kann geradeaus weiterfahren, meine Richtung ändern oder irgend etwas anderes tun, das mir gerade als das beste erscheint.

Außerdem», fügte er hinzu, «verringere ich durch das Anhalten die Gefahr, *andere*, die sich mit mir an der Kreuzung befinden, anzufahren und zu verletzen. Dieses kurze Nachdenken hilft mir, für mich *und* die anderen zu sorgen.

Es ist keine große Sache, mir, sooft ich daran denke, *eine Minute für mich* zu nehmen», sagte der Onkel. «Aber sie ist unbezahlbar.

Fast immer finde ich die Antwort auf meine Fragen in mir. Ich muß nur in mich hineinhorchen. In Wirklichkeit wissen wir alle selber, was das Beste für uns ist, wenn wir nur lange genug innehalten, um es auch zu erkennen.»

Der Mann dachte sich, es wäre vielleicht nützlich, sich die Gedanken seines Onkels zu merken. Er zog Papier und Bleistift aus der Tasche und fragte: «Macht es dir etwas aus, wenn ich mir ein bißchen was aufschreibe?»

Rasch notierte er sich die wichtigsten Punkte des bisher Gehörten.

Nun ging der Onkel zu den Einzelheiten über. «Fangen wir ganz vorne an, bei der Fürsorge für das eigene Selbst. Dann kommen wir zur ‹Fortgeschrittenen-Stufe›, der Fürsorge für das Du, und schließlich zur Fürsorge für das Wir. Du wirst sehen, daß eines auf dem anderen aufbaut, so daß sich ein harmonisches Gleichgewicht ergibt.»

Der Mann fragte: «Was machst du ganz konkret?»

«Die praktische Fürsorge für mich selbst ist das wenigste», antwortete der Onkel. «Sobald ich mich entschließe, täglich etwas für mich zu tun, finden sich Möglichkeiten in Hülle und Fülle. Aber ich muß mich immer wieder daran erinnern, daß ich mich so oft und so intensiv um mich selber kümmere wie um andere.

Und auf welche Weise ich dann auch immer für mich sorge, es gibt mir das Gefühl, bejaht zu werden. Dieses Gefühl ist es, was mich glücklich macht.

Bei *dir* wird diese Fürsorge wahrscheinlich ganz anders aussehen als bei mir. Weißt du, mein Lieber, das Vergnügen, besser mit sich umzugehen, besteht zum großen Teil in der Entdeckung, was für dich persönlich das Richtige ist.

Mein praktisches Vorgehen kann sich von Woche zu Woche ändern. Aber der erste Schritt ist normalerweise immer der gleiche.

Als erstes nehme ich mir tagsüber immer wieder jene Extraminute Zeit, um mich zu fragen: Kann ich gerade jetzt besser für mich sorgen?

Was ich dann tatsächlich für mich tue, hängt ganz von der Situation ab, in der ich mich befinde. Das Resultat dieser stummen Frage ist jedoch meist eine Verhaltens- oder Einstellungsänderung.»

Der junge Mann fragte wieder: «Lieber Onkel, kannst du mir nicht ein paar konkrete Beispiele nennen, wie du genau vorgehst?»

«Doch», antwortete der Onkel. «Vor ein paar Jahren hatte ich das Gefühl, tagsüber nie genug Zeit für mich zu haben.

Als ich mich gerade wieder einmal heftig darüber ärgerte, klinkte ich mich mittendrin für eine Minute aus, um still nachzudenken. Statt mich weiter zu ärgern, beschloß ich, in Zukunft eine Stunde früher aufzustehen. Das wäre dann ‹meine› Stunde, die ich irgendwann am Tag ganz nach meinem Geschmack gestalten könnte.»

Der Onkel schmunzelte. «Ich erinnere mich noch gut an den ersten Morgen. Ich war so müde, daß ich kaum die Augen aufkriegte. Schlaftrunken fragte ich mich: ‹Gibt es denn keinen angenehmeren Weg?›

Ich nahm mir vor, nur fünfzehn Minuten eher aufzustehen und dafür einen Monat lang jede Woche eine weitere Viertelstunde zuzugeben. Nach vier Wochen hätte ich eine Extrastunde pro Tag für mich.»

«Was tust du in dieser Stunde?» fragte der Mann.

«Das ist nicht der Punkt», sagte der Onkel. «Darauf kommt es überhaupt nicht an, solange ich mir nur selber das Gefühl gebe, umsorgt zu werden.»

Um die Bedeutung dieser Aussage zu unterstreichen, wiederholte der Onkel sie gleich noch einmal.

«Entscheidend ist nicht, was ich tue. Meist geht es um Kleinigkeiten, die ein Außenstehender kaum bemerken würde – aber für mich sind sie enorm wichtig.»

Dann fügte er hinzu: «Wenn mir an manchen Tagen die Hektik zuviel wird und ich mein Ziel aus den Augen verliere, stelle ich mir noch eine andere schlichte Frage: Was wird von dieser Aufregung heute in zehn Jahren übriggeblieben sein?»

Der Mann nickte. «Dadurch ersparst du dir sicher eine Menge Unwichtiges und kannst den Alltag gelassener sehen.»

«Das stimmt», bestätigte sein Onkel.

«Eine andere Art, mir selbst etwas Gutes zu tun», fuhr er fort, «ist das Lachen. Je öfter ich lache, desto glücklicher und gesünder fühle ich mich. Einmal habe ich einen tollen Komiker im Radio gehört. Der hat mich so amüsiert, daß ich fast nicht mehr aufhören konnte zu lachen. Ich fühlte mich dabei so gut, daß ich mir ein paar Kassetten mit kabarettistischen Szenen fürs Auto gekauft habe. Seither fahre ich unter Gelächter durch die Stadt.»

Der Mann sagte: «Ja, ich weiß noch, daß du früher sehr ernst warst. Jetzt wirkst du viel fröhlicher. Wie ist das gekommen?»

Sein Onkel antwortete: «Ich hatte zum Glück einen sehr humorvollen Freund. Sein Beispiel hat mir gezeigt, wie Humor das Leben bereichert. Er arbeitete unter dem gleichen Druck wie ich, aber er ließ ihn nicht an sich herankommen. Da habe ich mich bemüht, das Leben ebenfalls mehr von der heiteren Seite zu nehmen.

Einmal, als ich gerade wieder richtig am Boden war, fragte er mich, wie es mir gehe. ‹Ich möchte mich nur noch verkriechen›, sagte ich. ‹Ach, so ist das›, sagte er. ‹Kein Problem. Gibt es in deinem Haus eine Abstellkammer?› – ‹Ja›, antwortete ich. ‹Okay. Das ist der richtige Platz.› – ‹Wie, der richtige Platz?› fragte ich. ‹Na, zum Verkriechen›, sagte er. ‹Du nimmst dir einen Stuhl, setzt dich in die Kammer und machst die Tür hinter dir zu.›»

Lachend sagte der Onkel: «Da ging mir auf, was für ein Drama ich aus einer Lappalie gemacht hatte. Und sobald mir das klargeworden war, konnte ich auch meine Situation wieder entspannter sehen.»

«Über dich zu lachen ist also eine gute Möglichkeit, etwas für dich zu tun», sagte der Mann.

«Unbedingt», antwortete der Onkel. «Und was noch besser ist, ich kann auch über mich selber lachen. Ich amüsiere mich über meine eigenen Schrullen, meine Fehler und meine menschliche Unvollkommenheit.

Ich mache mir da ein besonderes Späßchen», sagte der Onkel.

«Ja? Und wie geht das?» fragte der Mann.

«Wenn ich merke, daß ich mich zu ernst nehme», sagte der Onkel, «stelle ich mir eine kleine Szene vor. Irgendwo oben über den Wolken beobachtet Gott augenzwinkernd meine Fortschritte, weil wir Menschlein ihn amüsieren, und weil er mich gern mag.

Auf einmal fängt er an loszuprusten. ‹Komm schnell!› ruft er einem seiner Lieblingsengel zu. ‹Was Onkelchen da wieder anstellt, das mußt du gesehen haben! Zum Totlachen!›»

Der Mann lachte. «Das werde ich mir merken!»

Der Onkel fuhr fort: «Ich lache über mich und verwöhne mich mit Kleinigkeiten. Dadurch fühle ich mich blendend.

Aber du wolltest ja konkrete Beispiele hören», sagte er. «Manchmal lasse ich das Mittagessen ausfallen, um etwas Unvorhergesehenes zu unternehmen. Ich gehe spazieren, oder ich kaufe mir irgendeine Kleinigkeit, die mir das Gefühl gibt, daß ich gut für mich sorge.

Vielleicht fahre ich mit dem Wagen weg, um mir eine schöne Gegend anzusehen. Oder ich gehe in ein Konzert.

Manchmal mache ich mit mir selbst einen Termin, um mitten am Tag eine Stunde ganz für mich zu haben. Einmal bin ich sogar morgens um elf ins Museum gegangen. Dann bin ich ins Büro zurückgekehrt und habe die Mittagspause durchgearbeitet.

Ich unternehme kleine Entdeckungsreisen an Orte, wo ich noch nie gewesen bin. Ich will wissen, wie ich mich an neuen Orten fühle. Das kann ein Stadtviertel sein, in das ich selten komme, oder ein Laden, in dem ich mich noch nie umgesehen habe. Durch diese kleinen Abenteuer komme ich immer wieder aus meiner Routine heraus. Ich fühle mich lebendiger.

Doch diese Dinge sind im Grund nebensächlich. Etwas anderes ist viel wichtiger.»

Bei diesen Worten reichte der Ältere seinem Neffen einen eingerahmten Spruch, den er in seinem Studierzimmer auf dem Schreibtisch stehen hatte. Der Spruch lautete:

Ich behandele mich selber so,
wie ich von anderen
behandelt werden möchte.

«Was heißt das?» fragte der Neffe.

«Wenn ich finde, daß andere mich schlecht behandeln», sagte der Onkel, «sehe ich nach, wie ich eigentlich mit mir selbst umgehe.

Ich stehe heute gut da, weil ich in den drei großen Bereichen gut für mich sorge. Aber manchmal fange ich auch jetzt noch an, mich benachteiligt zu fühlen. Meist geht es nur um unbedeutende Sachen, aber ich mag es immer noch nicht besonders, wenn andere respektlos mit mir umgehen.»

«Das verstehe ich gut», sagte der junge Mann.

«Aber sobald ich anhalte und mir bewußt mache, daß ich mich als Opfer fühle», sagte Onkel, «geht mir sofort auf, wer in Wirklichkeit hinter mir her ist.»

«Du selber?» vermutete der Mann.

«Ja. Ich selber», bestätigte der Onkel. «Und dann weiß ich auch bald wieder, daß ich es in der Hand habe, mein bester Freund oder mein schlimmster Feind zu sein. Das hängt ganz davon ab, wie ich die Dinge sehen will und wie ich mich verhalte.»

«Kannst du mir ein Beispiel nennen, wie du dich verhältst?»

«Ich kann es nicht ausstehen, wenn mir andere zu verstehen geben, daß ich ihren Erwartungen nicht entspreche. Deshalb versuche ich, keine starren Ansprüche an mich zu stellen oder mich an einem Idealbild zu messen. Wenn ich mich selbst enttäusche, dann meist, weil ich es nicht geschafft habe, meine eigenen Erwartungen zu erfüllen.

Ich habe gelernt, ohne die Phantasie absoluter Perfektion auszukommen. Ich versuche nicht mehr, es meiner Familie und meinen Freunden bis ins kleinste recht zu machen.

Anstatt nach Vollkommenheit zu streben, bin ich heute einfach dankbar für das, was ich *in der Realität* habe.»

Der Mann fragte: «Also entsteht Enttäuschung – und Unglück – aus der Kluft zwischen Phantasie und Realität?»

«Richtig», antwortete der Onkel. «Heute heiße ich willkommen, was ich erlebe, ohne es an vorgefaßten Wunschbildern zu messen. Ich habe erkannt, daß das Auseinanderklaffen von Erwartung und Realität für mich eine Quelle des Schmerzes ist.»

Der Mann resümierte: «Ich werde also glücklicher sein, wenn es mir gelingt, nicht auf den Rest zu starren, der zur Erfüllung meiner Phantasie vielleicht noch fehlt, sondern das Gute zu würdigen, das real da ist.»

«Ja. Mir bringt das viel», bestätigte der Onkel.

Er fuhr fort: «Ich erleichtere mir das Leben, indem ich unterscheide: Das hier *will* ich, und das da *brauche* ich.»

«Worin liegt der Unterschied zwischen dem einen und dem anderen?»

«Ein Bedürfnis», sagte der Ältere, «zielt auf etwas, das wir zu unserem Wohlbefinden brauchen. Ein Wunsch richtet sich auf etwas, von dem wir – leider oft vergeblich – hoffen, daß es uns glücklich machen wird. Ich *will* eine Tafel Schokolade. Ich *brauche* Sauerstoff.

Es ist das gleiche wie mit Erfolg und Glück», sagte der Onkel. «Viele erfolgreiche Menschen haben schon erkennen müssen, daß ihnen das Ziel, dem sie nachjagten, keine Befriedigung gebracht hat.

Erfolgreich bin ich, wenn ich bekomme, was ich will. Glücklich bin ich, wenn ich will, was ich bekomme.

Auch hier sehe ich klarer», erklärte der Onkel, «wenn ich immer wieder innehalte, um mir bewußt zu machen, wie eigentlich das Ziel aussieht, das ich anstrebe.»

Der Onkel machte eine Pause, um seinem Neffen zu verstehen zu geben, daß etwas Wichtiges folgen werde.

«Nutzlose Dinge haben es an sich, daß wir niemals genug davon bekommen.

Denk dir einen Mann, der alles daransetzt, reich zu werden, und schließlich entdeckt, daß ihn Geld nicht glücklich macht. Er strebt trotzdem nach immer noch mehr Reichtümern – in der Hoffnung, *mehr* Geld zu haben, werde ihm das Glück bringen.»

«Aber wie erkennst du, was du wirklich brauchst, Onkel?»

«Indem ich mir die Zeit nehme herauszufinden, was *mich* glücklich macht. Manchmal bin ich in der Stimmung, meine Gedanken aufzuschreiben und gründlich darüber nachzudenken. Ein anderes Mal gehe ich alleine spazieren und höre dabei in mich hinein.

Oft genügt eine Minute, in der ich mich frage: ‹Brauche ich wirklich, was ich da anstrebe?›, damit ich eine Sache aufgebe.»

Das erinnerte den Mann an ein Erlebnis: «Als ich Drachenfliegen lernte, sah ich einmal einem Jungen bei einem Flugversuch zu. Sein Lehrer warnte ihn von unten vor den parkenden Autos. ‹Gib acht auf die Autos!› brüllte er. ‹Vorsicht! Mensch, siehst du nicht den grünen Porsche? Flieg nicht in den grünen…› Rate mal, wo der Bursche dann gelandet ist?»

Nach einem Blick in das Gesicht seines Onkels fuhr er fort: «Genau – in dem grünen Porsche. Mein Lehrer meinte dazu: ‹Laß dir das eine Lehre sein! Schau nie in die Richtung, in die du nicht gehen willst!›»

Und dann fügte der Neffe hinzu: «Langsam geht mir ein Licht auf. Du ersparst dir eine Menge Stress, wenn du dich nicht von überflüssigem Kram verführen läßt.»

«Genauso ist es. Was meinst du, wie dir oder mir zumute wäre, wenn wir uns erst anstrengen, um irgend etwas zu bekommen, nur um dann festzustellen, daß wir es überhaupt nicht brauchen?»

«Ich wäre enttäuscht», antwortete der Mann, «vielleicht sogar richtig deprimiert. Es hat also schon einen Sinn, immer wieder anzuhalten und nachzusehen.»

«Richtig», antwortete der Onkel. «Wer, wenn nicht ich, sollte sich denn sonst die Mühe machen, darauf zu achten, was für mich am besten ist?

Das ist wirklich etwas ganz Einfaches. Je aufmerksamer ich für mich sorge, desto sicherer und geborgener fühle ich mich.»

«Aber was machst du, wenn die Dinge bei dir einmal nicht so glattgehen, Onkel? Wie sorgst du dann für dich?»

«Ich schaue über das Schlechte hinaus, bis ich wieder etwas Gutes sehe. Vielleicht probierst du das auch einmal, wenn's schlecht aussieht.»

«Ich will's versuchen», sagte der Mann. Dann fragte er: «Was hast du noch für Möglichkeiten gefunden, um für dich zu sorgen?»

«Ich entrümpele mein Leben», sagte der Onkel. «Das ist eine gute Methode, um rasch den eigenen Stress zu verringern. Ich sortiere so lange alles Unnütze aus, bis ich zu den wenigen Dingen komme, die ich zum Glück brauche. Wenn es mir gut geht, schaffe ich mir nicht mit Gewalt Probleme. Je überschaubarer mein Leben ist, desto gelassener fühle ich mich.»

«Was tust du, um dein Leben zu vereinfachen, Onkel?»

Der Onkel drehte erneut den Spieß um: «Ich will zuerst *dich* fragen, was *du* tun kannst, um in *deinem* Leben aufzuräumen.»

Der Onkel erhob sich und ging ein paar Schritte auf und ab. Dann lächelte er seinem Neffen zu und sagte: «Ich werde dir heute morgen noch ein wenig mehr Zeit widmen, und anschließend gehe ich spielen.»

«Spielen?» fragte der Neffe.

«Mit dem Spielen ist es wie mit dem Lachen», sagte der Onkel. «Auch das hilft mir, für mich zu sorgen.

Spielen ist für den Körper dasselbe wie eine positive Lebenseinstellung für den Geist. Ich spiele zu meinem Vergnügen mit meinen Freunden Tennis und gehe schnorcheln mit deiner Tante.»

Der Neffe lächelte. «Ich habe einen Freund, der würde dir sicher gefallen. Sein Leben ist nicht frei von Problemen, aber er hat eine großartige Einstellung. Er nimmt das Leben als ein Spiel.

Vor dem Aufstehen morgens im Bett streckt er die Arme nach allen Seiten. Er sagt, solange er dabei noch nicht an Sargwände stößt, ist der Tag gerettet!»

Der Onkel lachte. «Es ist alles eine Frage der Einstellung. Deine Art, das Leben zu nehmen, ist die wichtigste Möglichkeit, gut für dich zu sorgen. Deine Lebensauffassung macht dich entweder fertig, oder sie macht dich stark. Wir können, und das ist sehr wichtig, unsere Einstellung aussuchen, wir haben selber die Wahl.»

«Je älter und – hoffentlich – klüger ich werde», sprach der Onkel weiter, «desto klarer sehe ich, daß es eigentlich nur zwei Grundgefühle gibt: ein positives – Liebe – und ein negatives – Furcht –. Liebe ist Abwesenheit von Furcht, wie umgekehrt Furcht Abwesenheit von Liebe. Alle anderen Gefühle sind wahrscheinlich nur Varianten dieser beiden Grundgefühle.»

«Und Angst?» fragte der Mann.

«Angst ist Furcht vor dem Unbekannten», antwortete der Onkel.

«Wenn ich mich selbst vernachlässige, wird mir irgendwann bewußt, daß mein Verhalten auf Furcht beruht», bekannte der Onkel.

«Wenn Liebe hinter meinem Verhalten steht», fügte er hinzu, «fühle ich mich bejaht. Dann fühle ich mich glücklich.

Deshalb frage ich mich bei jeder Entscheidung: Handle ich aus Liebe oder aus Furcht?

Entscheidungen, die ich aus Furcht treffe, ob ich mir dessen bewußt bin oder nicht, schlagen mir meist nicht zum Guten aus.»

Der Mann gestand sich im stillen ein, daß das bei ihm nicht anders war.

«Wenn Liebe – die Abwesenheit von Furcht – hinter meiner Entscheidung steht, fühle ich mich gut – schon bevor ich weiß, wie es am Ende ausgeht.»

Nach einer kleinen Pause begann der Onkel wieder: «Noch eine andere Art, gut zu mir selbst zu sein, besteht darin, daß ich Geld und Zeit verschenke.»

«Was hat das mit der Fürsorge für dich zu tun?» fragte der Neffe.

«Wenn ich Zeit und Geld verschenke», antwortete der Onkel, «erinnere ich mich selbst daran, daß ich keine Furcht habe. Ich vertraue darauf, daß ich immer genug haben werde, um mit anderen zu teilen.»

Er fügte hinzu: «Und wenn ich mich tatsächlich fürchte, versuche ich, meine Entscheidungen davon freizuhalten. Ich finde es ein herrliches Gefühl, mich zu *entscheiden, daß ich mich nicht fürchten will.*»

So wie es klang, war der Onkel seiner Sache sehr sicher. Der Neffe fragte sich, ob er wohl je lernen würde, gut mit sich selbst umzugehen.

Als hätte er seine Gedanken erraten, sagte der Onkel: «Ich möchte dir gern eine wahre Geschichte von unserem Nachbarn erzählen. In jungen Jahren war ihm eine Stelle in New York angeboten worden, aber er war sich nicht schlüssig, ob er sie annehmen sollte. Da fragte er einen lebenserfahrenen alten Herrn um Rat, den er sehr bewunderte.

Dieser gab ihm folgenden Rat: ‹Fahre allein nach New York. Fahre mit der Eisenbahn die ganze Strecke und nimm nichts zu lesen oder zu schreiben mit. Gönne dir ein Einzelabteil und laß dir alle Mahlzeiten dort servieren. Unterhalte dich mit keinem Menschen. Das ist der Rat, den ich dir geben kann!›

Mein Nachbar gab zu, daß er sein Versprechen, diesen Rat zu befolgen, schon bald bereute. Aber er hielt sich dennoch daran.

Nach ein paar Tagen auf der Eisenbahn war er es leid, immer nur die Landschaft anzusehen. Du kannst dir wohl denken, was er dann tat, oder?»

«Er kam ins Nachdenken, nicht wahr?» antwortete der Mann.

«Natürlich. Er nahm sich die Zeit, um für sich zu sorgen – in diesem Fall, um die Lösung für sein Problem zu finden. Als er in New York ankam, wußte er, daß er die Stelle antreten wollte. Und das tat er dann auch, und zwar mit großem Erfolg», schloß der Onkel.

«Er trug die Lösung also die ganze Zeit in sich.»

«Ja. Und der kluge alte Herr hatte gewußt, daß er sie finden würde. Als unser Nachbar sich die Zeit nahm, um in Ruhe zu sich zu kommen, erkannte er, was das beste für ihn war. Er entdeckte auch, wie er besser für seine Familie sorgen konnte.

Auch wir können die Antworten auf unsere Fragen in uns selbst finden. Wir wissen alle, was gut für uns ist. Wir müssen nur, wenn's nötig ist, kleinere oder größere Ruhepausen einschieben, damit wir zu uns selbst kommen.

So. Und nun rate mal, was ich dir jetzt gleich raten werde?»

Der Mann lächelte. «Es wäre vielleicht keine schlechte Idee, Onkel, wenn ich so etwas wie eine Eisenbahnfahrt unternehmen würde. Solo.»

Erster Teil
SELBSTFÜRSORGE

EINE WOCHE war vergangen, seit der Mann seinen Onkel besucht hatte. Aber so glücklich, wie er es sich bei jenem Gespräch ausgemalt hatte, war er eigentlich noch nicht geworden.

Er hatte die Notizen, die er sich während des aufschlußreichen Gesprächs mit seinem Onkel gemacht hatte, noch einmal durchgeblättert. Doch es war eine Sache, darüber zu reden, wie ich mir Eine Minute Für Mich nehme, und eine ganz andere Sache, es auch wirklich zu *tun*.

Das hatte der Mann einfach noch nicht in die Tat umgesetzt.

«Kann sein, daß mir der Nutzen dieser Methode doch noch nicht so ganz einleuchtet», dachte er, als er von der Arbeit nach Hause fuhr. «Oder vielleicht brauche ich dazu ein bißchen mehr Selbstdisziplin.»

Sich zu ändern war schwieriger, als er angenommen hatte. Er mußte sich eingestehen, daß es ihm keinen besonderen Spaß machte. Andererseits war ihm aber auch klar, daß er, wenn er glücklicher werden wollte, etwas ändern mußte.

Er beschloß, sich zu Hause seine Notizen noch einmal vorzunehmen und nachzusehen, an welchem Punkt er ansetzen konnte.

In der Zwischenzeit schaltete er das Radio ab und dachte über die Anregungen nach, die sein Onkel ihm gegeben hatte.

Seltsamerweise fiel ihm als erstes ein, daß sein Onkel gesagt hatte, für ihn sei es wesentlich, sein Leben zu...

vereinfachen

Der Onkel hatte gesagt, er versuche immer, die Dinge auf ihren wahren Kern zurückzuführen, und der sei stets schlicht und einfach.

Der Mann konnte jedoch nicht glauben, daß es im Leben stets so einfach zuging. Sein eigenes Leben zumindest kam ihm undurchdringlich und ziemlich schwierig vor. Er konnte deshalb nicht viel anfangen mit diesem Gedanken.

Da er während der Fahrt seine Notizen nicht lesen konnte, versuchte er, sich an den einfachsten und fundamentalsten Punkt zu erinnern, von dem sein Onkel gesprochen hatte.

Der Onkel hatte von dem Unterschied zwischen Wollen und Brauchen gesprochen und davon, wie einen das Festhalten an vorgefaßten Wunschbildern daran hindere, die Realität zu genießen. Darüber hinaus fielen dem Mann noch mehrere Dinge ein, auf die es ankam, wenn man glücklicher werden wollte.

Aber sie alle erschienen ihm nicht gerade einfach. «Was ist der elementarste Gedanke, den ich jetzt sofort anwenden kann?» fragte er sich.

In diesem Moment fuhr er gerade auf ein Stoppschild zu. Da mußte er lächeln. Das war doch der Grundgedanke: Anhalten, Ausschau halten, auf sich hören. Nimm dir eine Minute für dich. Frage dich, wie du besser für dich sorgen kannst. Höre auf deine innere Weisheit. Das war's, was er jetzt unmittelbar in die Tat umsetzen konnte.

Im Rückspiegel sah er, daß hinter ihm niemand kam. So blieb er eine volle Minute an der Kreuzung stehen.

Er hielt inne und fragte sich: «Welches ist die beste Möglichkeit für mich, in diesem Augenblick besser für mich zu sorgen?»

Er horchte ruhig in sich hinein.

Während er durch die verschmierte Windschutzscheibe auf das Stoppschild blickte, runzelte er die Stirn. «Ich muß den Wagen dringend mal waschen lassen», dachte er.

Der Mann fand es angenehmer, ein sauberes Auto zu fahren. War der Wagen schmutzig und unordentlich, kam er sich selbst etwas vergammelt vor, wenn ihm auch dieses Gefühl meist nicht klar zu Bewußtsein kam. Aber er glaubte immer, er sei viel zu beschäftigt, um Zeit für eine Wagenwäsche zu haben.

Er erkannte, daß er eigentlich schon lange vorgehabt hatte, zu einer Waschanlage zu fahren oder wenigstens die Scheibenwischer-Flüssigkeit nachfüllen zu lassen. Aber er hatte so viele andere Dinge um die Ohren gehabt, daß es bei dem Vorsatz geblieben war.

Und so saß er jetzt hinter seiner verdreckten Windschutzscheibe und erkannte, daß er etwas unterlassen hatte, was ihn glücklicher gemacht hätte.

Der Mann spähte durch die verschmierte Scheibe, sah, daß die Kreuzung frei war und fuhr los. Er wußte jetzt, was zu tun war.

Warum war er bloß nicht schon eher darauf gekommen?

Er nahm sich die Zeit, um zu einer Tankstelle mit Waschanlage zu fahren, den Wagen waschen und die Scheibenwischer auffüllen zu lassen. Währenddessen rief er seine Frau an, um ihr zu sagen, was los war und daß er ein wenig später nach Hause kommen würde.

Er wollte mit seiner Kreditkarte bezahlen, aber der Tankwart weigerte sich stur, sie zu akzeptieren. Er wollte um jeden Preis Bargeld.

Früher hätte sich der Mann nach einem langen Arbeitstag über einen solchen Vorfall sehr geärgert.

Aber an diesem Abend fühlte er sich gut. Er war froh, daß er sich die Zeit genommen hatte, etwas für sich zu tun. Und der Wagen glänzte – der Tankwart hatte gute Arbeit geleistet.

Der Mann lächelte, bezahlte in bar und fuhr nach Hause.

«Erstaunlich», dachte der Mann. «Was doch eine solche Lappalie wie ein gewaschenes Auto ausmacht!» Er blickte durch die blanke Windschutzscheibe und lächelte. «Wenn ich besser für mich sorge, sieht die Welt gleich ganz anders aus.»

Meist fühlte der Mann sich beim Nachhausekommen noch gestresst von der Arbeit. Er holte sich dann etwas zu trinken und ließ sich in den Fernsehsessel fallen.

An diesem Abend nahm er sich jedoch ein Buch über eine einfache Entspannungsmethode zur Stressverminderung vor.

Er war es nicht mehr gewöhnt zu lesen und schaffte deshalb nur einen Teil des Buches. Danach sah er mit seiner Frau und den Kindern zusammen fern. Das war entspannend, aber langweilig.

Am nächsten Abend las er das Buch zu Ende. Er war erst ein wenig enttäuscht, weil ihm die dargestellte Entspannungstechnik fast zu simpel vorkam.

Er war im Zweifel, ob er mit dieser Methode Erfolg haben würde. Ein paar Tage später suchte er sich jedoch einen ruhigen Platz und fing an. Er setzte sich auf einen Stuhl, stellte beide Füße fest auf den Boden und schloß die Augen. Er atmete langsam und tief ein und aus.

Dann wiederholte er im Geist ein ums andere Mal das Wort «Woge». Er versuchte, nichts anderes zu denken als immer nur dieses eine Wort «Woge». Er spürte, wie er sich dabei entspannte.

Wenn ihn andere Gedanken ablenkten, kehrte er immer wieder ohne Ungeduld zu dem Worte «Woge» zurück. Auf diese Weise übte er zwanzig Minuten lang.

Zunächst änderte sich durch diese Übung gar nichts. Trotzdem übte er diese elementare Entspannungsmethode regelmäßig am Morgen vor der Arbeit und dann abends noch einmal.

Und eines Tages passierte es dann.

Wann genau es passierte, wußte er nicht, aber irgendwann bemerkte er, daß er lockerer geworden war. Seine Schultern und sein Nacken waren weit weniger verspannt. Der Mann fühlte sich lange nicht mehr so gestresst.

Er las einzelne Abschnitte des Buchs noch einmal. Je intensiver er die Anleitung studierte und die Entspannung übte, desto weniger fühlte er sich unter Stress. Seine Gelassenheit wuchs.

Er beschloß, diese Entspannungsübungen weiterzumachen. In der nächsten Woche ging der Mann auf Geschäftsreise, er hatte mehrere Städte zu besuchen. Da wichtige Verhandlungen zu führen waren, begleiteten ihn zwei seiner Geschäftsführungskollegen.

Der Start in Boston verzögerte sich. Sie hätten laut Flugplan um neun Uhr abends in Los Angeles ankommen sollen, also um Mitternacht nach Bostoner Zeit. Als das Flugzeug mit zweistündiger Verzögerung startete, dachten sie, sie würden «nach ihrer Zeitrechnung» um zwei Uhr morgens in Kalifornien landen.

Da ihnen am nächsten Morgen in der Frühe eine entscheidende Konferenz bevorstand, waren alle drei nur darauf bedacht, rasch ins Hotel zu kommen, um wenigstens noch ein paar Stunden schlafen zu können. Aber Los Angeles lag in dichtem Nebel. Beim Landeanflug merkte der Mann, wie plötzlich die Maschine steil nach oben zog.

Später erfuhr er, daß dadurch ein Zusammenstoß in der Luft hatte vermieden werden können. Der Kapitän kündigte an, daß sie in San Diego landen würden. Das bedeutete: noch drei Stunden Busfahrt zu ihrem Hotel. Wenn nicht alles wie am Schnürchen lief, würden sie am Morgen in die Verhandlung gehen müssen, ohne überhaupt ins Bett gekommen zu sein.

Der Mann fühlte sich völlig fertig.

Doch dann unternahm er etwas, um auch in dieser Situation besser für sich zu sorgen.

Auf der Fahrt im Bus hatte er mißmutig über das Vorgefallene nachgedacht. Wäre das Flugzeug pünktlich gestartet, hätte es vielleicht noch vor Einsetzen des Nebels in Los Angeles landen können. Oder vielleicht wäre trotz des Nebels eine Landung möglich gewesen, so daß ihnen die stundenlange Busfahrt von San Diego erspart geblieben wäre.

Der Mann fühlte sich hundemüde. Nie würde er in der Konferenz seine Sache richtig vertreten können, erschöpft wie er war. Er fühlte sich nicht gerade gut umsorgt – im Gegenteil.

Doch dann hielt er eine Minute in seinen Überlegungen inne und fragte sich, ob er sich nicht selbst etwas Gutes antun könnte. An den augenblicklichen Umständen konnte er wenig ändern. Also wandte er sich dem zu, was er kontrollieren konnte: seinen Gedanken.

Da er seinen Ärger über den Zeitverlust noch immer nicht überwunden hatte, nahm er sich vor, die Umstände mit anderen Augen anzusehen. Vielleicht war diese nächtliche Busfahrt ja gar keine Zeitverschwendung. Er stellte sich vor, es wäre in dem dichten Nebel zu einem Zusammenstoß gekommen. Ein Flugzeugunglück hätte ihn mit Sicherheit mehr gekostet als nur seine erholsame Nachtruhe. Bei diesem Gedanken fühlte er sich schließlich sogar recht gut aufgehoben in dem ruhig dahinrollenden Bus.

In diesem Augenblick, während der Fahrt durch die Nacht in Südkalifornien, wurde ihm auf einmal klar, was sein Onkel gemeint hatte.

Es gab etwas, was er wirklich in einer Minute konnte, etwas, wodurch sich seine augenblickliche Situation radikal änderte.

In einer Minute
kann ich durch eine andere
Brille schauen –
und schon bekommt ein
schlechter Tag
ein anderes Gesicht

Der Mann hatte nicht mehr an das gedacht, was sein Onkel gesagt hatte: Daß er glücklicher sei, seit er sich bemühe, über das scheinbar Negative einer Situation hinaus auf ihr Gutes zu schauen. Und doch hatte er genau das getan, indem er ruhig nach seiner inneren Stimme fragte und auf sie hörte. Er hatte selbst den Wert einer positiven Einstellung entdeckt. Das Ergebnis war, daß er sich viel wohler fühlte.

Es erstaunte ihn selber, wie frisch er in die Konferenz ging. Als er sah, daß er viel besser auf dem Posten war als seine übermüdeten Partner, nahm er sich vor, ihnen seine Entdeckung zu verraten, wenn sie ihn je danach fragen sollten. Aber sie fragten nie danach.

Dem Mann war unbemerkt ein Durchbruch gelungen.

Er hatte zwar schon viel über den Nutzen einer gelassenen Lebenseinstellung gehört. Aber es hatte ihn immer nervös gemacht, wenn andere Sachen sagten wie: «Der dunkle Moment, in dem für die Raupe das Ende gekommen ist, ist derselbe, in dem der Schmetterling zum erstenmal das Sonnenlicht erblickt.»

Nun erkannte er, daß an diesem Satz doch etwas dran war.

Der Mann wußte jetzt aus eigener Erfahrung, wie wertvoll eine positive Einstellung ist. Denn er hatte sie in die Tat umgesetzt.

Trotz seiner Bedenken sagte er sich: «Diese Eine Minute Für Mich funktioniert tatsächlich. Ich komme dadurch mit meiner inneren Stimme in Kontakt.»

Von da an nahm er sich öfter die Zeit dafür.

Eines Morgens, als er sich unter der Dusche hinterm Ohr kratzte, fiel ihm der Hautausschlag wieder ein, der ihm schon seit Monaten zu schaffen machte. Von Zeit zu Zeit juckte die Stelle abscheulich.

Diese Stelle hatte sich wieder einmal entzündet, aber er hatte sich nicht darum gekümmert.

Aber jetzt machte er halt für eine Minute.

Er lächelte und fragte sich: Gibt es denn keinen besseren Weg, für mich zu sorgen?

Natürlich fiel ihm sofort ein, was zu tun war. Es lag ja auf der Hand. Er hatte sich nur bis jetzt einfach nie die Zeit dafür genommen.

Er brauchte eine Minute, um am Telefon einen Termin beim Hautarzt abzumachen. Drei Tage später ging er hin.

Als er später die Praxis verließ, in der er sich eine Dreiviertelstunde aufgehalten hatte, war der Mann bereits viel zufriedener mit sich selbst.

Der Arzt hatte den Ausschlag diagnostiziert und ihn mit einem wirkungsvollen Medikament behandelt. Das Jucken hatte bereits aufgehört. Bei täglich mehrmaliger Anwendung des Mittels, so versicherte er dem Mann, werde der Ausschlag rasch abklingen.

Außerdem erfuhr er, daß sein Haarshampoo scharfe chemische Stoffe enthielt. Wenn er es absetzte, wäre sein Hautproblem damit wahrscheinlich ein für allemal beseitigt.

Der Mann wunderte sich, warum er nicht schon eher begonnen hatte, aufmerksamer für sich selbst zu sorgen.

Doch auch jetzt vergaß er manchmal noch schlichtweg, die kleinen Dinge auch wirklich zu *tun*, von denen er inzwischen wußte, daß sie ihm guttaten.

Er begriff, daß er diszipliniert versuchen mußte, sich zu ändern. Und einer der aussichtsreichsten Wege zu diesem Ziel bestand darin, sich *immer wieder* Eine Minute Für Sich zu nehmen, bis es ihm in Fleisch und Blut übergehen würde.

Es würde zu einer gesünderen Lebensweise führen.

In vielen Anläufen und immer neuen Versuchen lernte der Mann, mehrmals täglich eine Minute anzuhalten und sich genau anzuschauen, was er gerade tat oder dachte.

Anschließend fragte er sich: «Wie kann ich jetzt besser für mein Ich sorgen?»

Er horchte in sich hinein und fand fast immer eine Antwort.

Natürlich war eine Minute nicht lang genug, um gut für sich zu sorgen. Aber der Mann wußte nun, worauf es dem Onkel ankam.

«Diese Eine Minute Für Mich hilft mir, klarer zu denken und zielbewußter zu handeln, als ich es bisher gewohnt war», erkannte der Mann.

Er entdeckte viele Möglichkeiten, sich etwas Gutes zu tun. Und damit stieg zugleich sein Wohlbefinden.

Als ein Monat vergangen war, hatte der Mann sich verändert. Er war glücklicher geworden.

Doch so gut es auch klappte, war er doch enttäuscht, wie oft er es vergaß, sich die Eine Minute zu nehmen.

Der Witz von dem Abc-Schützen fiel ihm ein, der nach dem ersten Schultag von seinen Eltern gefragt wird, ob er schon viel gelernt habe. «Nöö», sagt er, «ich muß morgen noch mal hin.»

So etwa fühlte sich der Mann. Es war, als müßte er jeden Tag von neuem lernen, was es hieß, liebevoller mit sich selber umzugehen.

Er war jedoch davon überzeugt, daß er es von nun an immer öfter tun würde. Weil er erfahren hatte, daß es funktionierte.

Nur *warum* es so gut funktionierte, wußte er noch nicht.

DIE WOCHEN vergingen im Fluge für den Mann. Er hatte bezweifelt, daß er mit der Selbstfürsorge Erfolg haben werde, war aber trotzdem den Vorschlägen seines Onkels gefolgt.

Er hatte angefangen, sein Leben ins Gleichgewicht zu bringen. Allmählich lernte er, für sich selber ebenso gut zu sorgen, wie für andere Dinge, die ihm wichtig waren, etwa seine Arbeit und seine Familie.

Und er war froher Laune wie schon seit langem nicht mehr.

«Ich muß dir danken, Onkel!» sagte er, als er ihn wieder einmal besuchte. «Deine Ratschläge zur Selbstfürsorge haben mir wirklich viel gebracht.

Ich fühle mich tatsächlich schon glücklicher und gesünder.

Ich habe mehr Energie. Meine Stimmung hat sich im ganzen gebessert. Ich habe einfach viel mehr vom Leben.»

Aber er verstand noch nicht, warum das so war. Deshalb stellte er seinem Onkel zwei Fragen.

«Wenn die Selbstfürsorge wirklich so gut funktioniert wie bei mir in den letzten Wochen, Onkel, warum sind dann alle Leute, die ich kenne, mich selbst eingeschlossen, nicht schon früher darauf gekommen?»

Und die zweite Frage: «Und warum *ist* sie überhaupt so wirkungsvoll?»

«Dazu ist als erstes zu sagen», begann der Onkel, «daß wir alle schon einmal ganz hervorragend für uns selber gesorgt haben. Als kleine Kinder forderten wir, was wir brauchten, und bekamen es auch. Zu den ersten Wörtern, die wir lernten, gehörte ‹mir›, ‹ich›, ‹will›.

Nach einiger Zeit fingen wir an, auch an unsere Mitmenschen zu denken. Wir lernten Wörter wie ‹du›, ‹sie›, ‹wir› und ‹uns›.

Es entspricht unserem natürlichen Vorgehen, daß wir erst an uns denken und dann über unsere eigene Person hinausblicken und uns auch um andere kümmern. Und wenn wir erwachsen sind, machen wir es noch ganz genauso.»

An dieser Stelle unterbrach sich der Onkel. «Erlaube mir eine Frage», sagte er. «An wen denkst du die meiste Zeit?»

Der Mann überlegte einen Augenblick und sagte dann mit verlegener Miene: «An mich.»

Der Onkel antwortete: «Wir alle denken meistens an uns. Das ist normal und natürlich. Solange wir es ohne Schuldgefühl tun, wenden wir uns danach *automatisch* den anderen zu. Aber trotzdem haben die meisten Angst, das sei selbstsüchtig.

Als wir noch Kinder waren, machten sich wohlmeinende Erwachsene an unserer Stelle Gedanken. Sie hatten Angst, wenn wir zuviel an uns dächten, würden wir nie lernen, auch die Interessen der anderen zu berücksichtigen. Sie wußten, daß man mit einer solchen Ichbezogenheit im Leben nicht weit kommt.

Anstatt darauf zu vertrauen, daß wir uns erst um uns und danach um die anderen kümmern würden, brachten sie uns bei, die natürliche Reihenfolge umzukehren: die anderen über uns zu stellen und selbst bescheiden im Hintergrund zu bleiben, also quasi den Karren vor das Pferd zu spannen.

Stell dir vor, daß die anderen der Karren sind, den du vor dich, das Pferd, gespannt hast. Ihr alle müht euch ab, auf diese Art voranzukommen. Wie fühlst du dich dabei? Legt euch noch ein bißchen mehr ins Zeug! Merkst du, wie aussichtslos das ist?»

«Kommt irgendeiner auf diese Art voran?» fragte der Onkel noch einmal.

Der Mann erkannte: «Nein. Wenn ich den zweiten Schritt vor dem ersten mache, komme ich nicht weit.»

Der Onkel sagte: «Genau. Aber auf der Straße zum Glück, um es einmal so zu formulieren, lassen wir nur allzuoft anderen den Vortritt. Und dann wundern wir uns, daß wir nicht vorwärts kommen.»

Der Neffe fragte: «Aber wenn es natürlich ist, zuerst an uns zu denken, warum fühlen wir uns dann deswegen schuldig?»

«Gehen wir noch einmal kurz in unsere Kinderzeit zurück», schlug der Onkel vor. «Kannst du dich noch daran erinnern, wie du als kleiner Junge Gesichter gemalt hast?»

Ohne eine Antwort abzuwarten, fuhr er fort: «Schau dir heute die Bilder deiner Kinder an, und du siehst, daß sie anstelle der Nase zwei kleine Kringel hinmalen.»

«Klar», lachte der Mann. «Wenn ich als kleiner Junge zu meinen Eltern hochschaute, waren sie wie zwei Türme. Ich sah nur die Unterseite ihrer Nasen – zwei runde Löcher.»

«Und aus dem Blickwinkel», bemerkte der Onkel, «hörten wir uns eine Menge wohlmeinender Belehrungen an. Was die lieben Verwandten von oben herunter sagten, hat uns Eindruck gemacht.

Oft hörten wir, es sei schlecht, so viel an uns zu denken. Denn wer waren wir schließlich schon?

Weil wir das als Kinder tatsächlich so oft gehört haben, mache ich jede Wette», sagte der Onkel mit einem Lächeln, «daß ich den folgenden Satz nicht anfangen kann, ohne daß du ihn zu Ende sprichst.»

«Was für ein Satz?» fragte der Mann.

Der Onkel fragte: «Was glaubst du eigentlich...»

«Wer du bist?!!!» fiel der Neffe ein.

«Na, bitte», lachte der Onkel. «Den hast du also auch schon mal gehört.

Natürlich habe *ich* nie so etwas Einfältiges zu meinen Kindern gesagt», fuhr er mit gespielter Entrüstung fort. «Nie! Hier ist noch so ein Satz. Hör mal, ob du den kennst. Denkst du denn nie an jemand anderen...»

«Als an dich?!!» vollendete der Neffe.

«Genau. Dabei wollten unsere Eltern uns doch bloß ein wenig Rücksichtnahme auf unsere Umgebung beibringen.

Aber wie ist das bei den meisten von uns angekommen? Wir dachten, wir sollten die anderen *über* uns stellen.

Wie fühlen wir uns am Ende, wenn wir uns ständig an die letzte Stelle rücken?» fragte der Onkel.

«Als die Hinterletzten fühlen wir uns», sagte der Mann mit einem Seufzer.

«Ja. Weißt du noch, wie es dir als Junge ging, als du immer wieder dazu angehalten wurdest, deine Interessen zurückzustellen?»

«Erbärmlich. Ich kann das *bis heute* nicht ausstehen.»

«Keiner hat das gern», bemerkte der Onkel. «Wenn wir ehrlich sind, müssen wir uns das eingestehen. Als Kinder wußten wir das ganz genau. Es ist eine natürliche Einsicht, die jeder von uns hat.

Unsere Eltern sorgten sich verständlicherweise, wir könnten kleine Ungeheuer werden, die rücksichtslos über die Gefühle ihrer Mitmenschen hinweggehen. Doch in ihrem Eifer, uns zur Achtung vor anderen Leuten zu erziehen, vergaßen sie, uns dieselbe Höflichkeit zu erweisen.

Als wir ihre Ermahnungen wieder und wieder gehört hatten, hielten wir uns schließlich bescheiden zurück.» Dann fragte der Onkel: «Kennst du eigentlich schon den Gelbe-Elefanten-Effekt?»

Der Mann lächelte und antwortete: «Noch nicht.»

«Ob du willst oder nicht, jetzt lernst du ihn kennen», schmunzelte der Onkel. «Ich will dir ein einfaches Beispiel dafür geben, wie unser Unbewußtes arbeitet. Bitte, tu genau, was ich dir sage! Nämlich: ‹Denke nicht, ich wiederhole, denke nicht an gelbe Elefanten!›»

Sein Neffe fing an zu lachen.

«Denke noch nicht einmal an einen einzigen gelben Elefanten – und schon gar nicht an eine ganze Herde gelber Elefanten, die über die staubigen Steppen Afrikas zieht!

Also, woran hast du gerade gedacht?»

Der Mann lächelte. «An gelbe Elefanten.»

«Siehst du», erklärte der Onkel, «unser Unbewußtes nimmt alles ungefiltert auf. Es läßt jeden Gedanken ein, so unsinnig er auch sein mag. Manche unserer Vorstellungen sind nicht realer als gelbe Elefanten, aber das hindert sie nicht daran, durch unser Denken zu geistern.

Was andere uns sagen, nehmen wir als bildhafte Vorstellungen in uns auf. Was wir oft genug gesehen und gehört haben, glauben wir schließlich auch.

Die meisten von uns haben mindestens zwei Grundsätze, die sich negativ auf uns auswirken», fuhr der Onkel fort.

«Der erste Grundsatz ist die irrtümliche Annahme, wir müßten anderen immer den Vortritt lassen und selber bescheiden in den Hintergrund treten. In Wirklichkeit geht es jedoch darum, mit unseren Mitmenschen zu einem *gerechten Interessenausgleich* zu kommen.

Der zweite Irrtum besteht darin, daß wir glauben, wir hätten es nicht verdient, uns selber etwas Gutes zu tun. In Wirklichkeit haben wir jedes Recht dazu.

Aber nun wollen wir das Leben von einer erfreulicheren Seite ansehen», sagte der Onkel angeregt. «Denke doch einmal an die vergangenen Wochen zurück, als du dich bemüht hast, besser für dich zu sorgen. Hast du dich in dieser Zeit weniger geärgert als früher?»

«Ja! Das ist meiner Frau und noch anderen aufgefallen.»

Der Onkel sagte: «Warum das so ist, ergibt sich ganz einfach:

Je süßer ich zu mir selber bin,
desto seltener bin ich sauer:
auf mich selbst
und die andern.

Der Onkel fuhr fort: «Du bist weniger wütend, weil du endlich etwas tust, was für dich schon immer an erster Stelle gestanden hat. Du bringst dein Leben ins Gleichgewicht, indem du für dich selbst ebenso gut sorgst wie für die anderen. Die Folge ist: deine Frustration läßt nach.

Kein Wunder, daß auch deine Umgebung dich ausgeglichener findet. Wahrscheinlich wirfst du ihr jetzt nicht mehr vor, was du dir selber angetan hast.»

Der Mann bekräftigte: «Lieber Onkel, es stimmt, was du sagst. Genau das habe ich in der letzten Zeit empfunden.

Aber wieso», fragte er, «funktioniert die Ein-Minuten-Methode eigentlich so gut? Sie ist so einfach, daß ich nicht verstehe, warum sie diese starke Wirkung hat.»

«Eine Minute Für Mich», erklärte der Onkel, «ist nichts anderes als Anwendung einer uralten Weisheit auf das Leben von heute.

Diese uralte Weisheit findet sich zu allen Zeiten und in unterschiedlichen Kulturen, etwa in China, in Indien und im Vorderen Orient. Zen-Philosophen nennen es die Kraft der *Selbstbeobachtung*.

Die Fähigkeit dazu haben wir alle, aber nur wenige wenden sie an. Die Kraft der Selbstbeobachtung entspringt aus der Stille. Wir beide hier sprechen von der Einen Minute, wenn wir diesen Moment der Stille meinen. Aber das ist natürlich nur der Beginn des Prozesses.

In der Stille können wir *gewahr werden*, was wir tun, was wir fühlen, was wir denken. Wir können unser eigentliches *Selbst* beobachten.»

Da ging dem Mann ein Licht auf. Er sagte langsam: «Und sobald wir klarer sehen... was wir tun... können wir darangehen, unser Verhalten... zu *ändern*. Ist es so?»

«Beinahe», antwortete der Onkel. «Es geht aber nicht in erster Linie darum, daß wir unser Verhalten *ändern* können. Noch wichtiger ist, daß wir uns freier *entscheiden* können, wie wir uns verhalten wollen.»

«Vielleicht entscheiden wir uns dafür, unser Verhalten zu ändern. Oder wir entscheiden uns vielleicht dagegen», sprach der Onkel weiter. «Die Hauptsache ist, daß uns diese Eine Minute die Möglichkeit gibt, unser Verhalten und unsere Gedanken zu beobachten. Danach können wir freier entscheiden, wie wir uns von jetzt an verhalten und was wir von jetzt an denken wollen. Wir können anfangen, besser mit uns selber umzugehen. Aber das ist bloß der erste Schritt.»

«Weil er einen größeren Prozeß einleitet?» fragte der Mann.

«Genau», antwortete der Onkel. «Diese Eine Minute kann jedem von uns eine tiefere Dimension erschließen.»

«Wie das?» fragte der Mann.

Der Onkel antwortete: «Die Stille, in die du eintrittst, ist deine eigene innere Welt – dein *Selbst*, dein eigentliches Ich. Auch hierfür haben die Menschen zu allen Zeiten die verschiedensten Begriffe geprägt. Aber für mich ist die Sache so einfach wie der Name, den ich dafür verwende: mein eigentliches Ich. Nenne es, wie du willst, seine Wirkung – seine außerordentlich starke Wirkung – entsteht dadurch, daß wir uns die Zeit nehmen, still zu werden und auf unser ursprüngliches, unser eigentliches Ich zu hören.»

Der Mann fragte: «Was ist mein eigentliches Ich?»

«In jedem von uns gibt es ein Wissen darum, was eigentlich gut für uns ist», bemerkte der Onkel. «Aber der moderne Mensch – also auch du und ich – lebt so schnell, daß er vor sich selbst davonläuft, ohne Rücksicht auf all die Warnsignale, die ihm sagen, daß er aus der Bahn geraten ist und umkehren muß.

Wir müssen uns die Zeit nehmen, anzuhalten, den Überblick zu gewinnen und auf unsere innere Stimme zu hören, damit wir erkennen, was für uns persönlich das Beste ist.

Aus diesem Grund zahlt es sich aus», sagte der Onkel, «wenn wir uns einfach daran halten, immer wieder mal eine kostbare Minute für die Begegnung mit unserem eigentlichen Ich aufzuwenden. In dieser Einen Minute beginnen wir, uns selbst wahrzunehmen.»

Der Onkel fuhr fort: «Jeden Tag gibt es Gelegenheiten, für uns und unsere Mitmenschen zu sorgen. Wir müssen nur die Augen offenhalten.»

«Dazu fällt mir eine Geschichte ein», sagte der Neffe. Der Onkel lächelte. Es gefiel ihm, daß sein Neffe das Leben nicht mehr so schwernahm.

«Ein Mann war auf dem Dach seines Hauses gestrandet, während ring umher das Hochwasser bedrohlich stieg. Mehrere Nachbarn wollten ihm zu Hilfe kommen, aber er weigerte sich, sein Haus zu verlassen. ‹Ich bin ein rechtschaffener Mensch›, sagte er. ‹Gott wird mich retten.›

Schließlich ertrank der Mann, was ihn sehr erboste.

Als er in den Himmel kam, ging er sich beschweren: ‹Herrgott, warum hast du mich nicht gerettet?› Der Herrgott antwortete: ‹Ich habe dir einen Baumstamm, zwei Boote und einen Hubschrauber geschickt.› Und mit einem Achselzucken fügte er hinzu: ‹Manche kriegen einfach nie genug.›»

Der Onkel lachte. «Das ist gut. Wenn wir nicht selber für uns sorgen, werden andere Leute es nie schaffen, uns glücklich zu machen.»

«Ich muß sagen», bekannte der Mann, «obwohl die Methode geradezu simpel ist, hilft sie mir, an das in mir heranzukommen, was ich eigentlich bin und kann.»

«Und wenn wir das Gute in uns wecken» ergänzte der Onkel, «wecken wir es auch in...»

«...in unseren Mitmenschen», fiel der Neffe ein.

«Unbedingt», bestätigte der Onkel. «Was mir bei der Selbstfürsorge mit das größte Vergnügen macht, ist die Entdeckung, daß ich damit zugleich meinen Mitmenschen am besten helfen kann. Wir haben alle etwas davon.

Aber über diesen Punkt sprechen wir ein anderes Mal ausführlicher.»

DER MANN dachte über alles nach, was er gehört hatte, und baute es mit eigenen Gedanken weiter aus.

Als er seinen Onkel das nächste Mal traf, sagte er: «Danke, Onkel, daß du mich an deinem Wissen teilhaben läßt. Oder vielmehr: daß du mir hilfst, an mein eigenes verborgenes Wissen heranzukommen.

Ich verstehe jetzt, daß wir ein Gleichgewicht zwischen der Fürsorge für uns und der Fürsorge für andere finden müssen. Und seit ich das weiß, fühle ich mich viel wohler.»

Da fiel ihm etwas ein. Er fragte: «Lieber Onkel, hast du vielleicht eine schriftliche Zusammenfassung von alldem, was du mir gesagt hast?»

«Ja, sicher», nickte der Onkel. «Als ich anfing, eine bessere Selbstfürsorge zu erlernen, gab es für mich nichts Hilfreicheres, als diese Übersicht, die ich immer wieder durchgelesen habe.

Ich hatte sie mir überhaupt nur aufgeschrieben, um mir rasch ins Gedächtnis zu rufen, was ich tun kann, wenn ich mich unglücklich fühle.

Ich muß dich warnen: Es gibt immer noch Zeiten, wo ich vergesse, mir Eine Minute Für Mich zu nehmen, obwohl ich weiß, was ich dadurch verliere. Ich habe dann auch keinen inneren Frieden. *Worauf es ankommt, ist das Tun.*»

Der Mann verstand genau, wovon sein Onkel sprach.

«Kannst du mir deine Übersicht geben?» fragte er.

Der Onkel nickte, öffnete seine Brieftasche und reichte seinem Neffen ein Kärtchen in Postkartengröße. Die Überschrift lautete: *Eine Minute Für Mich*

⌐01® # Eine Minute für mich
Zusammenfassung

WIE:
- Ich bringe meine verschiedenen Lebensbereiche ins Gleichgewicht, indem ich für mich ebenso gut sorge wie für meine
  Familie, meine Freunde und meine Arbeit.
- Ich behandele mich selber so, wie ich von den anderen behan-
  delt werden will.
- Ich halte an, verschaffe mir den Überblick und horche in mich
  hinein.
- Ich nehme mir täglich mehrmals eine Minute Zeit, um mich
  zu fragen: «Kann ich jetzt, in diesem Augenblick, besser für
  mich sorgen?»
- Ich weiß, daß ich die Antwort in mir trage. Ich werde ruhig
  und höre auf das verborgene Wissen meines eigentlichen Ichs.
  Ich kann warten, bis es mir antwortet.
- Ich erkenne, was für mich gut ist, und richte mich danach.
- Ich gebe mir, was ich brauche. Ich empfange von mir, was ich
  brauche.
- Ich fühle mich glücklicher.

WARUM:
Ich werde glücklicher, wenn ich für mich ebenso gut sorge wie
für die Menschen in meiner Umgebung. Je aufmerksamer ich zu
mir bin, desto weniger Grund habe ich, über mich oder andere
ärgerlich zu sein. Und desto liebenswürdiger werde ich.

Zweiter Teil

FÜRSORGE FÜR DICH

AM NÄCHSTEN SAMSTAG MORGEN, wieder zu Besuch beim Onkel, rief der Mann: «Ich kann es immer noch nicht fassen! Seit ich angefangen habe, besser für mich zu sorgen, fühle ich mich viel froher und gelassener. Ich habe mehr Energie und kriege mehr geschafft. Es geht mir einfach blendend!»

Der Onkel freute sich mit ihm.

«Ich weiß, wie dir zumute ist», sagte er. «Als ich mir zum erstenmal erlaubte, mich selber anständig zu behandeln, habe ich dieselbe Hochstimmung erlebt.

Aber hast du nicht zugleich auch das Gefühl», hakte er nach, «daß dir etwas fehlt?»

Der Mann war enttäuscht. Warum mußte sein Onkel sofort ein Haar in der Suppe finden? Doch dann fragte er sich: «Kann ich gerade jetzt etwas Besseres tun, als enttäuscht zu sein?» Und er beschloß, mehr auf die Begeisterung zu achten, mit der sein Onkel sich daran erinnert hatte, wie gut ihm seine Selbstfürsorge getan hatte.

Danach überlegte er, warum sein Onkel wohl seine Freude gedämpft hatte. Gab es noch etwas anderes, das er lernen mußte?

«Wo du es sagst», gab er zu, «merke ich tatsächlich, daß mir etwas fehlt.»

Der Onkel fragte: «Wo hast du das schon einmal gehört?»

Der Mann erinnerte sich daran, wie er auf der Suche nach dem Glück mit Menschen gesprochen hatte, die nur an sich dachten. Auch sie hatten gesagt, daß ihnen etwas fehle.

Der Onkel bemerkte: «Ich fühle mich nur dann vollständig, wenn ich mich um das Ich, das Du und das Wir kümmere, wie ich dir neulich gesagt habe.

Denk daran, wie angenehm gesättigt du dich fühlst, wenn du dein Lieblingsgericht gegessen hast. Aber vergiß auch folgendes nicht:

Immer nur an mich selber
denken
ist wie jeden Tag
Leibgericht:
morgens... mittags...
abends...
morgens... mittags...
abends...

«Okay», sagte der Mann. «Verstehe. Das würde einem schnell zum Hals heraushängen.»

Lächelnd fragte sein Onkel: «Wem?»

«Mir», antwortete der Mann. Und dann wurde ihm klar: «Und... ja, auch den anderen um mich herum.»

«Was meinst du, was man da tun könnte?» fragte der Onkel.

«Anscheinend geht es darum, eine Balance zu finden zwischen der Aufmerksamkeit für meine Person... und... der Fürsorge für andere», erkannte der Mann. «Beides müßte sich irgendwie die Waage halten.

Besser für mich zu sorgen, wie ich es in den letzten Wochen gelernt habe, hat sich für mich hervorragend bewährt. Ich genieße mein Leben mehr und bin gelassener.

Aber ich weiß noch immer nicht, wie sich mein Verhalten auf meine Umgebung auswirkt», sagte der Mann.

«Vielleicht könnte man das ja herausfinden», deutete der Onkel an.

«Aber wie?» fragte der Mann.

Sein Onkel schwieg und sah seinen Neffen lächelnd an.

Der Mann antwortete: «Du meinst, ich könnte selbst draufkommen. Mal sehen...

Du sorgst zweifellos gut für dich, Onkel, keine Frage. Da brauche ich ja eigentlich nur mit den Menschen aus deiner Umgebung zu reden und schauen, wie es ihnen dabei geht.»

Sowie der Onkel die Rede darauf gebracht hatte, wußte der Mann auch schon, mit wem er sprechen wollte: mit den Geschäftskollegen und Mitarbeitern seines Onkels und, später vielleicht, mit dem Menschen, der ihn am allerbesten kannte.

Der Mann stand auf und schüttelte seinem Lieblingsonkel die Hand. Er hatte das Gefühl, daß es an der Zeit war, über das Interesse an sich selbst hinauszugelangen.

DIE GESCHÄFTSPARTNERIN seines Onkels begrüßte den jungen Mann in ihrem Büro. «Sie möchten also gern wissen, wie gute Selbstfürsorge sich auf die eigene Umgebung auswirkt.»

«Sie kommt ohne Umschweife zur Sache», dachte er. «Kein Wunder, daß sie hier was zu sagen hat.»

«Ihr Onkel hat mir sehr geholfen», fuhr sie fort. «Wenn ich jetzt meinerseits Ihnen helfen könnte, würde mich das sehr freuen.

Vor einigen Jahren hat Ihr Onkel vielen hier in der Firma eine wichtige Lektion beigebracht.

Er war früher der Vorgesetzte meines Chefs. Aber ehrlich gesagt, er war damals ein richtiges Ekel.» Der Mann war perplex.

«Aber das ist sehr lange her. Auf einmal, ohne daß wir ahnten, was geschah, veränderte er sich. Er wurde viel liebenswürdiger.

Seine Arbeitsleistung, die schon immer sehr gut gewesen war, steigerte sich auffallend. Niemand von uns wußte, woher das kam.

Schließlich faßten wir Mut und fragen Ihren Onkel direkt.

Doch statt zu antworten, stellte *er* uns Fragen – als ob wir die Antwort bereits wüßten.»

Der Neffe lachte. Er wußte, wie sein Onkel vorging.

«Ihr Onkel fragte uns: ‹Wieviel Zeit nehmen Sie sich, um für sich selbst zu sorgen? Kümmern Sie sich womöglich mehr um Ihre Arbeit als um sich?›

Wir mußten zugeben, daß wir nicht besonders aufmerksam mit uns umgingen. Schließlich hatten wir genug anderes zu tun.

Ihr Onkel erzählte uns, er habe begonnen, sich mehr Zeit und Aufmerksamkeit zu widmen. Er sorge jetzt genausogut für sich wie für seine Umgebung. Das galt natürlich auch für seine Familie und sein Berufsleben. Wir waren zunächst völlig überrascht.»

«Warum überraschte Sie das?» fragte der Mann.

«Weil wir merkten, daß Ihr Onkel seine Arbeit viel besser schaffte. Und dabei kam er auch noch sehr viel besser mit anderen Menschen aus. Es erschien uns als das genaue Gegenteil dessen, was er sagte.

Ihr Onkel erklärte uns, er arbeite jetzt effektiver und kollegialer, weil er besser für sich selbst sorge.

Das machte uns natürlich neugierig», sagte Mrs. Turner. Und dann fuhr sie fort: «Ihr Onkel sagte uns, ihm sei klargeworden, daß er mit seinen Mitmenschen genauso umgehe wie mit sich selbst. Und er regte uns an, uns unsere sozialen Beziehungen einmal unter diesem Aspekt anzusehen.

Da ich miterlebt hatte, daß Ihr Onkel besser mit seiner Umgebung zurechtkam, seit er liebevoller mit sich selbst umging, ließ ich mir die ganze Sache einmal durch den Kopf gehen.

Ich gestand mir – und Ihrem Onkel – ein, daß ich andere mit sehr kritischen Augen ansah. Das gefiel meinen Mitmenschen natürlich nicht so sehr. Ihr Onkel fragte mich, wen ich am häufigsten kritisiere.

‹Am kritischsten bin ich gegenüber mir selbst›, antwortete ich.

Er riet mir, mich doch selber besser zu behandeln und fragte mich, womit ich wohl am ehesten beginnen könne.»

Mrs. Turner und der junge Mann wußten beide Bescheid. Sie sagte: «Ich fing also an, mir Eine Minute Für Mich zu nehmen.

Wenn ich wieder etwas an mir kritisieren wollte, unterbrach ich für eine Minute, hielt an, verschaffte mir den Überblick und stellte mir die Frage ‹Kann ich –›»

«Kann ich jetzt, in diesem Augenblick, besser für mich sorgen?» ergänzte der Mann.

«Genau! Wissen Sie, es ist erstaunlich, wie sehr mir dieser Dreierschritt geholfen hat: anhalten, die Situation überblicken und mir dann diese Frage stellen, ob ich nicht jetzt etwas Gutes, etwas Besseres für mich tun kann. Wirklich erstaunlich, wie sehr sich meine Beziehungen zu anderen Menschen dadurch verbessert haben, und zwar im Berufsleben wie auch im Privatbereich.»

«Wie haben Sie das gemacht?»

«Immer wenn ich anfing, mich selbst zu kritisieren, hielt ich an und machte mir bewußt, was ich da mit mir tat. Und dann entschied ich mich, meine Selbstkritik zu ersetzen durch die Erinnerung an eine Eigenschaft, die mir an mir selbst gut gefiel.

Und wenn mir mein Verhalten einmal wirklich nicht gefiel, kritisierte ich mein *Verhalten*, aber nicht *mich*. Sobald ich mir klarmachte, daß ich nicht bin, was ich tue, fiel es mir leichter, mein Verhalten zu ändern.»

«Und wie ging es weiter?»

«Ich fing allmählich an, mich in meiner Haut wohler zu fühlen. Außerdem arbeitete ich besser, und zwar allein wie auch im Team.»

«War das wirklich so leicht?» fragte der Mann.

«Nein, am Anfang überhaupt nicht. Es fiel mir schwer, mich daran zu gewöhnen, mir Eine Minute Für Mich zu nehmen. Erst als ich mich aufraffte und mir jeden Tag ein paarmal diese Minute nahm, wurde es besser.»

Der Mann überlegte im stillen, wie oft am Tag er sich seine Eine Minute gönnte. ‹Selbst wenn man es fünfmal macht, sind es bloß läppische fünf Minuten.› Er beschloß sogleich, es noch öfter zu tun. Dann fragte er:

«Wie haben Sie Ihr Problem schließlich überwunden?»

«Sobald ich mit dem ewigen Herumkritisieren an mir selbst aufhörte, konnte ich auch aufhören, die anderen zu kritisieren.

Die Zusammenarbeit mit meinen Kollegen und Mitarbeitern verbesserte sich. Wir erzielten bessere Resultate in kürzerer Zeit. Es war erstaunlich, wie rasch es aufwärts ging.

Diese Veränderungen blieben nicht unbemerkt, und bald praktizierten auch andere hier im Haus die Ein-Minuten-Methode. Und das ganz offensichtlich nicht ohne Erfolg.»

«Was meinen Sie damit?» fragte der Mann.

«In jener Zeit rief uns der Direktor zusammen, um uns mitzuteilen, daß wir in unserer Abteilung den Gewinn fast verdoppelt hätten. Er fragte uns, woher das gekommen sei.

Als wir es ihm sagten, war er erst einmal sprachlos. Dann lächelte er und meinte: ‹Na ja, solange etwas dabei herauskommt...›

Später erfuhren wir, daß auch er begonnen hatte, sich die Eine Minute zu nehmen.»

«Warum auch nicht», sagte der Mann. «Solange etwas dabei herauskommt!»

«Was mich faszinierte», fuhr die Geschäftspartnerin seines Onkels fort, «war, daß ich nun mehr Zeit damit zubrachte, mich um mich zu kümmern als um andere.

Trotzdem profitierten sowohl mein Geschäft als auch meine Mitmenschen davon. Was will man mehr?»

Dann fügte sie hinzu: «Sie gehören ja tatsächlich zur Familie unseres Chefs, aber auch uns gegenüber hat er sich damals ein bißchen wie ein gestrenges Familienoberhaupt benommen und uns zu unserem eigenen Wohl ein paar unangenehme Wahrheiten gesagt. Und jetzt, wo ein großer Teil unserer Mannschaft gelernt hat, besser für sich selbst zu sorgen, geht das Geschäft wie noch nie.

Aber nicht nur mit der Firma geht es aufwärts», erklärte sie.

Sie sah sich in ihrem großzügigen Büro um, breitete die Arme aus und sagte: «Wie Sie sehen, hat es sich für mich gelohnt, jeden Tag ab und zu Eine Minute Für Mich zu reservieren.» Sie war offensichtlich stolz auf das, was sie gelernt hatte.

«Ich führe ein glücklicheres Familienleben und bin im Beruf erfolgreicher, seit ich die wichtigste Lektion Ihres Onkels beherzige», sagte sie.

«Er hat mich gelehrt, daß man anderen am besten dadurch hilft, daß man sie anregt, gut für sich selber zu sorgen. Dieses Schild, das ich auf meinem Schreibtisch stehen habe, soll mich immer daran erinnern:

Am besten helfe ich andern
Menschen,
wenn ich ihnen Mut
mache,
besser für sich selbst
zu sorgen,
und sie dann dafür belohne

«Seit ich diese fundamentale Tatsache richtig begriffen habe, halte ich alle Leute in meiner Umgebung – von meinem Mann und meinen Kindern bis zu meinen Berufskollegen – dazu an, mit sich besser umzugehen», fuhr die Frau fort.

«Diejenigen, die hier in der Firma das größte Pensum erledigen, stützen und stärken sich selbst.»

«Wie machen sie das?» wollte der junge Mann wissen.

«Wir tun täglich etwas für unsere persönlichen Ziele. Manche wollen vielleicht fit werden oder ihre Figur verbessern, andere wollen lernen, öfter zu lachen. Jeden Morgen vor Arbeitsbeginn tun wir etwas in der Richtung.

Die einen gehen zum Beispiel joggen oder achten auf vitaminreiche Kost. Auf jeden Fall tun wir irgend etwas ausschließlich für uns.

Es ist gleich, worin diese Selbstfürsorge konkret besteht. Die Hauptsache ist das wunderbare Gefühl, daß wir uns selbst so wichtig nehmen, daß wir uns an die erste Stelle setzen. Wir sind mindestens ebenso wichtig wie unsere Arbeit. Natürlich nehmen wir uns auch während der Arbeitszeit immer wieder Eine Minute Zeit für uns – um unsere Perspektive zurechtzurücken zum Beispiel, oder um wieder mit uns ins reine zu kommen, wenn uns eine Schwierigkeit entmutigt hat. Es ist unglaublich, wie rasch man dadurch innerlich ruhig und klar wird.

Meine Erfahrung ist, daß ich gewinne, wenn ich die anderen ermutige, fürsorglicher mit sich umzugehen.

Mir alles erdenklich Gute zu tun ist tatsächlich der beste Weg, den ich kenne, um gut für meine Mitmenschen zu sorgen.»

«Wie?» fragte der Besucher verblüfft. «Wie soll denn das gehen?»

Mrs. Turner sagte: «Warum fragen Sie nicht einfach meinen Mann?»

DIE UHR schlug zwölf, als der Mann das Maleratelier betrat. Die Geschäftspartnerin seines Onkels hatte ihren Mann angerufen, und der war einverstanden gewesen, sich zum Mittagessen mit dem jungen Mann zu treffen.

Der Maler legte seinen Kittel ab und tischte etwas Obst und belegte Brote auf.

«Ich freue mich, daß Sie hergekommen sind», sagte er zur Begrüßung. «Wenn ich mit Ihnen darüber spreche, warum die Fürsorge für das Du funktioniert, habe ich gleich die Möglichkeit, mich selber noch einmal von der Wirksamkeit dieser Methode zu überzeugen.

Seit meine Frau anfing, mich zu besserer Selbstfürsorge zu ermuntern, habe ich allmählich immer mehr für mich getan. Das Witzige ist, daß ich in letzter Zeit oft von anderen höre, ich ginge jetzt viel besser mit ihnen um. Ich habe deshalb viel darüber nachgedacht.

Ich habe die Vorschläge meiner Frau befolgt, weil ich an ihrem Beispiel sehen konnte, wie gut die Selbstfürsorge ihr getan hat.

Zuerst war ich ja eher skeptisch, weil ich Angst hatte, sie würde mich jetzt vernachlässigen. Aber ich merkte bald, daß sie sogar noch aufmerksamer zu mir war.

Ziemlich bald sagte ich zu ihr: ‹Nanu, das ist ja sehr angenehm, wenn du gut für dich sorgst. Mach das bloß noch öfter!›

Ich begann mir zu überlegen, warum die Umgebung soviel davon hat, wenn jemand sich liebevoller um sich selber kümmert.

Einmal habe ich mit Ihrem Onkel über meine Gedanken gesprochen. Er sieht es genauso wie ich.»

Der Maler sprach weiter: «Wenn es uns gelingt, gut auf unsere eigenen Bedürfnisse einzugehen, sind wir mit uns selber zufrieden. Und dann *wollen* wir uns von selbst den anderen zuwenden. Nicht weil wir es müssen, sondern weil wir es selbst wollen. Wir fühlen uns dabei wohl. Dann können wir die anderen dazu ermuntern, ebenfalls gut für sich zu sorgen, und sie belohnen, wenn sie es versuchen. Das tut ihnen richtig wohl.

Jeder von uns genießt es, mit Leuten zusammenzusein, die liebevoll mit sich selber umgehen und uns erlauben (als ob das nötig wäre!), dasselbe zu tun.»

«Ist es nicht manchmal schwierig», fragte der Mann, «zuzulassen, daß die anderen für sich sorgen? Vor allem, wenn Sie eigentlich wollen, daß die anderen ihre Aufmerksamkeit *Ihnen* zuwenden?»

«Ja, zuerst war es schwer», gab der Maler zu, «bis ich daraufkam, welchen enormen Vorteil ich dabei habe.»

«*Sie* haben dabei einen Vorteil?» fragte sein Besucher.

«Ja, einen ganz reellen Vorteil.»

«Das verstehe ich nicht», sagte der Mann.

Der Maler stand auf und ging zu seiner Staffelei. Mit gespieltem Schwung pinselte er ein paar Worte auf die Leinwand. Dann drehte er sie um, so daß der Mann das Geschriebene lesen konnte.

Alle Buchstaben waren schwarz, bis auf das letzte Wort, das der Maler in Rot gepinselt und unterstrichen hatte.

Auf der Leinwand stand:

Wenn die anderen gut für
sich selber sorgen,
sind sie zufriedener
mit sich – und mit MIR!

Der Mann sagte: «Das habe ich mir noch nie überlegt. Aber Sie haben recht. Mein Onkel zum Beispiel ist heute viel liebenswürdiger zu mir als früher.»

«Fragen Sie sich einmal», schlug der Maler vor, «ob sich das nicht in dem Augenblick geändert hat, als Ihr Onkel anfing, liebevoller mit sich selber umzugehen?»

«Doch», sagte der Mann, dem jetzt ein Licht aufging. «Wenn ich also von anderen besser behandelt werden möchte, sollte ich sie ermuntern, besser mit *sich selber* umzugehen. Denn je aufmerksamer sie sich um sich selber kümmern, desto mehr Aufmerksamkeit haben sie für mich übrig. Aha! Also so funktioniert das!»

«Genau», bestätigte der Maler. «Es ist wirklich zu unserem Vorteil, wenn wir unseren Mitmenschen helfen, mehr an sich zu denken, damit sie an das Gute in sich herankommen. Wir kommen dadurch in den Genuß ihres eigentlichen, ihres besseren Ichs.»

Lächelnd fuhr er fort: «Meine Frau hat das durchschaut. Seit sie auch mir die Selbstfürsorge beigebracht hat, hat sich mein Leben radikal zum Besseren verändert. Und ihres gleichzeitig auch.

Wenn wir für uns selber sorgen, tun wir damit in Wirklichkeit unseren Mitmenschen etwas ausgesprochen Gutes.»

Der Mann dachte einen Augenblick darüber nach und sagte dann: «Das erinnert mich an ein scheinbar unbedeutendes Erlebnis, das ich gestern hatte. Es paßt genau zu dem, was Sie gerade sagen.»

«Erzählen Sie es mir», sagte der Maler.

«Ich habe abends noch schnell in der Stadt verschiedene Sachen für meine Familie eingekauft. An mich selber hatte ich aber auch gedacht und mir eine neue Musik-Kassette gekauft. Ich lud alles in den Kofferraum und setzte mich ins Auto, um schnell heimzufahren. Ich war sehr in Eile, weil es schon spät war.

Kaum war ich aus dem Parkhaus gefahren, als mir zu Bewußtsein kam, daß ich eigentlich furchtbar gern meine neue Kassette gehört hätte. Aber dazu hätte ich noch einmal anhalten und den Kofferraum aufmachen müssen, und da mich meine Familie erwartete, meinte ich, mir das nicht erlauben zu können.

Doch dann merkte ich, daß ich drauf und dran war, mich klein und mies zu fühlen, weil ich den ganzen Tag immer nur an andere gedacht hatte. Ich fragte mich also:

‹Kann ich jetzt, in diesem Moment, besser für mich sorgen?› Mir fiel natürlich sofort ein wie.

Ich hielt an, holte die Kassette aus dem Kofferraum und legte sie auf. Zu den Klängen meiner Lieblingsmusik fuhr ich dann zufrieden nach Hause.»

«Lassen Sie mich raten, wie es weiterging», sagte der Maler. «Sie kamen schließlich froh und glücklich zu Hause an.

Wären Sie jedoch schnurstracks nach Hause gefahren, ohne sich Ihre Kassette zu holen, hätten Sie das Gefühl gehabt, wieder einmal für die anderen mehr gesorgt zu haben als für sich. Und Sie wären in miserabler Stimmung bei Ihrer Familie aufgekreuzt.»

«Stimmt», pflichtete ihm der Neffe bei. «Ich wäre mir als *Opfer* vorgekommen.» Und er lachte über seine eigene Torheit.

Der Maler sagte: «Mal sehen, wie es weiterging.»

«Sie sorgten», sprach der Maler, «zuerst für Ihr eigenes Wohl, auch wenn es dabei nur um eine neue Musik-Kassette ging, und kamen dadurch froh und mit frischer Energie zu Hause an. Sie waren besserer Stimmung und freuten sich, Ihre Lieben zu sehen, und die sahen Ihnen das sofort am Gesicht an, als Sie zur Tür hereinkamen, und waren ihrerseits beglückt. Dadurch wurde es für alle ein vergnüglicherer Abend.»

Der Mann staunte. «Woher wissen Sie das?»

«Ich habe da so meine Erfahrungen», sagte der Maler. «Nicht haargenau dieselben wie Sie, aber ich kenne das Gefühl.»

Und dann fügte er hinzu: «Es geht Ihnen genauso wie vielen von uns, die wir jetzt einen neuen Umgang mit uns selber erlernen.

Sie sind dabei zu erkennen, daß Sie durch liebevollere Selbstfürsorge den Menschen in Ihrer Umgebung ein großes Geschenk machen, indem Sie ihnen ein froherer und verträglicherer Partner werden.

A propos gut für sich sorgen…» setzte er dann mit einem Seitenblick auf sein angefangenes Bild hinzu.

Der Mann lächelte. «Ich verstehe. Sie wollen wieder an die Arbeit. Ich gehe auch gleich.

Mir ist jetzt viel klarer, warum Selbstfürsorge zugleich die beste Fürsorge für andere ist. Sie ist für beide Seiten das Optimale.

Vielen Dank, daß Sie so viel für andere übrig haben und mir diese Stunde schenkten. Sie haben mir sehr geholfen.»

Der Mann und der Maler verabschiedeten sich mit einem Händedruck voneinander. Der Mann wollte sich das eben Gehörte, sobald er konnte, in Stichworten aufschreiben. Er wollte es nicht aus dem Gedächtnis verlieren.

Er wußte, wo er als nächstes hinzugehen hatte.

ALS DER MANN das Atelier des Malers verließ, ging es ihm durch den Kopf, wie wesentlich, ja wie unerläßlich es war, auch an die *anderen* zu denken.

Er hatte sich bisher stets für einen rücksichtsvollen und aufmerksamen Menschen gehalten. Tatsächlich gab er meistens mehr auf die Meinung der anderen über sich als auf seine eigene. Am stärksten beschäftigte ihn, was die anderen über *ihn* dachten.

Jetzt wurde ihm auf einmal klar, daß es für die anderen nicht so sehr darauf ankam, was sie von *ihm* dachten, sondern was sie *von sich selber* dachten.

Er erkannte, daß es für die anderen vordringlich war, gütiger zu sich selbst zu sein, weil sie dann weniger an sich selber auszusetzen hatten – und auch an ihm.

Der Mann bremste wieder einmal an einem Stoppschild.

Diesmal sah er die Lage anders. Er sah ein, daß es in seinem wohlverstandenen Interesse lag, daß auch die anderen anhielten und sich um ihr eigenes Wohlergehen kümmerten.

Andernfalls würden sie ihn womöglich anfahren und verletzen, selbst wenn sie ihm gar nichts Böses antun *wollten*.

Das brachte den Mann auf eine Idee.

Statt die Menschen, die ihm nahestanden, nur zu ermutigen, anzuhalten und für sich zu sorgen, wollte er sie lieber nach vollbrachter Tat *belohnen*.

Wenn seine Frau oder seine Kinder anhielten und nach einer besseren Möglichkeit zur Selbstfürsorge suchten, wollte er sie zur Belohnung loben.

Er fuhr schnell an den Straßenrand, um sich Notizen zu machen, solange ihm diese Einsicht klar vor Augen stand.

Fürsorge für Dich:
Zusammenfassung

- Das Du ist das «Ich» in dir. Du und ich sind fundamental gleich. Wenn ich das bedenke, kann ich dir helfen, besser für dich zu sorgen.
- Ich weiß, daß deine Fürsorge für dich ebenso wertvoll ist wie meine Fürsorge für mich.
- Es gibt viele verschiedene Wege, wie ich dir helfen kann.
- Einer der besten Wege, dir zu helfen, besteht darin, dich zu ermutigen, gut für dich zu sorgen. Denn wenn du das wagst, kannst du nur gewinnen.
- Wenn du glücklicher bist, fühlen sich die anderen – *mich* eingeschlossen – in deiner Nähe wohler.
- Ich zeige dir am besten durch mein *praktisches Beispiel*, wie wohltuend es für mich und meine Umgebung ist, wenn ich mir die Zeit nehme, besser für mich zu sorgen.
- Ich fühle mich innerlich ausgeglichen und liebevoll, wenn ich andere dazu ermutige, besser mit sich umzugehen. Und wenn ich ihnen dabei mit Rat und Tat zur Seite stehe.
- Durch liebevolle Selbstfürsorge trägst du – genau wie ich – zum Wohlergehen der Menschen in deiner Umgebung bei.

Dritter Teil

FÜRSORGE FÜR UNS

DER SPAZIERGANG mit «Tantchen», wie die Frau des Onkels von ihm und allen Verwandten genannt wurde, ließ in dem
Mann Erinnerungen wach werden. Der Streuselkuchen fiel ihm
ein, den sie gebacken hatte, wenn er als Kind mit seinen Eltern
zu Besuch kam.

Als ein besonders glückliches Paar hatte er Onkel und Tantchen jedoch nicht in Erinnerung. Deshalb fragte er vorsichtig:
«Tantchen, es sieht so aus, als hättest du eine wirklich gute Beziehung zu deinem Mann. Stimmt das?»

«Ja», antwortete sie und wandte sich ihm zu. «Das stimmt.»
Sie schwieg eine Weile in Gedanken. Dann hielt sie an und
sagte: «Du warst vielleicht noch zu klein, um dich daran zu
erinnern, aber es gab eine Zeit, da waren wir überhaupt nicht
glücklich miteinander.

Dein Onkel kümmerte sich in erster Linie um sein Geschäft,
und ich kümmerte mich vor allem um die Kinder. Wir waren zu
beschäftigt, um noch groß Notiz voneinander zu nehmen. Und
wir sorgten bestimmt nicht gut für uns selber.

Wir waren beide enttäuscht von unserer Beziehung – so hatte
keiner von uns beiden sie sich vorgestellt.»

«Was hattet ihr euch vorgestellt?» fragte der Neffe.

Sein Tantchen lachte. «Alles natürlich! Wir wünschten uns,
daß der andere für uns sorgt. Daß er Freud und Leid mit uns teilt.
Wir wollten trotz der Bindung an den anderen ganz frei sein. Wir
wollten, daß der andere uns respektiert und uns niemals verur-
teilt. Wir wollten uns, auch wenn es einmal Streit gäbe, noch
genauso lieben, einander eine Stütze und immer füreinander da
sein – kurz: *geliebt werden.*»

Schweigend setzte sie den Spaziergang fort. Dann sagte das Tantchen: «Wir wollten das, wovon wohl die meisten Paare träumen.

Jeder von uns wollte sich gehalten und bejaht fühlen, wollte, daß die gegenseitige Faszination erhalten bliebe. Ich glaube, wir wollten das Gefühl haben, wichtig zu sein, vor allem natürlich für den anderen.

Du weißt ja, eine wirklich gute Beziehung besteht aus tausend zauberhaften kleinen Dingen.»

Der Neffe hörte ihr aufmerksam zu. Seine Tante fuhr fort: «Am Anfang liebte jeder von uns den anderen wahrscheinlich mehr als sich selber. Ich fand das phantastisch. Aber dieses Gefühl hielt sich nicht lange.

Bald kam der Schmerz. Wir wollten es erst nicht wahrhaben und gingen dem Problem durch hektische Arbeiterei aus dem Weg. Wir hatten angeblich zuviel zu tun. Was wir eigentlich taten, weiß ich heute nicht mehr.

Und als es schließlich so aussah, als ob es aus sei zwischen uns, besserte sich die Situation auf einmal.»

«Wie kam das?» fragte der Neffe.

«Tja, eine ganze Weile war mir selber nicht klar, was geschehen war. Dein Onkel veränderte sich auf einmal. Er tat erst so, als ob nichts wäre. Dann meinte er, er habe eben ein bißchen was dazugelernt. Er wollte nicht recht raus mit der Sprache.»

«Aber du bist ihm doch sicher auf die Schliche gekommen, Tantchen.»

Sie lächelte. «Sicher! Ich habe nicht nur herausgefunden, wodurch er sich verändert hatte. Was er machte, war im Grunde eher nebensächlich, aber dadurch entwickelte sich unsere Beziehung in mehreren wichtigen Punkten in die Richtung, die wir uns vorgestellt hatten.

Später brachte dein Onkel mir bei, wie ich dasselbe tun könnte», setzte sie hinzu, und sagte dann: «Aber ich glaube, ich sollte lieber von vorn anfangen.»

Der Neffe freute sich. Es sah ganz danach aus, daß es ein langer und interessanter Spaziergang werden würde.

IM WEITERGEHEN fragte er seine Tante etwas, das er schon lange hatte wissen wollen.

«Wie kann ich es erreichen, daß in einer Liebesbeziehung meine grundlegenden Bedürfnisse befriedigt werden?»

Sein Tantchen antwortete: «Eine Beziehung kann einige wichtige Bedürfnisse erfüllen, wie das nach romantischem Verliebtsein, nach Zärtlichkeit und Zusammengehörigkeit. Aber deine elementaren Bedürfnisse – wie etwa das, glücklich zu sein –, die kann sie nicht erfüllen. Das mußt du selber tun.

In dem Moment, in dem die Partner erwarten, daß die Beziehung ihre elementaren Bedürfnisse befriedigt, wird die Sache sofort sehr schmerzhaft für sie. Jeder glaubt, der andere sei schuld.

Dein Onkel und ich haben uns früher nach Kräften bemüht, füreinander zu sorgen. Aber wir konnten tun, was wir wollten, es war uns nie genug.»

Dann fing sie an zu lächeln. «Heute fühle ich mich umsorgt.»

«Wie sorgt der Onkel denn jetzt für dich?»

«Auf viele verschiedene Arten... Er hört mir zu, er bringt mir gelegentlich ein Buch oder Blumen mit, er tröstet mich, wenn ich Kummer habe... Wenn er merkt, daß er mich gekränkt hat, entschuldigt er sich aufrichtig. Er spielt und lacht mit mir... Er tut heute viele Dinge, die er früher nie getan hätte.»

Nach einem kurzen Schweigen fügte das Tantchen hinzu: «Seit er gelernt hat, besser für sich zu sorgen, sorgt er auch besser für uns beide.

Aber weißt du, was das Allerbeste ist? Daß er mir hilft, gut für mich zu sorgen.»

Der Mann dachte nach. Schließlich fragte er: «Und wie macht dein Mann das?»

«Er fragt mich zum Beispiel: ‹Was willst du heute für dich tun, mein Schatz?›»

Er weiß genau, daß ich, wenn ich mich selbst vernachlässige, früher oder später einen Anlaß finde, um *ihm* böse zu sein – bloß weil er eben in der Nähe ist –, obwohl ich im Grunde auf mich selber böse bin.

Aber wenn ich auf mich achte, kann er sicher sein, daß ich alles, also auch ihn, viel mehr genieße.

Dein Onkel weiß, daß unsere Beziehung nur funktionieren kann, wenn wir miteinander sprechen und füreinander sorgen. Und daß wir zugleich auch andere Menschen brauchen, damit wir uns glücklich und ausgeglichen fühlen.

Deshalb sagt er immer wieder zu mir: ‹Ich will, daß du und ich Freude an dir haben, also paß gut auf dich auf, Liebling. Und sag mir Bescheid, wenn ich dir helfen kann.›

So wie ich erzogen worden bin, fällt es mir manchmal noch immer schwer, mich an die erste Stelle zu setzen, verstehst du? Deshalb hilft er mir dabei.

Am Anfang war es, als ob er mir die Erlaubnis gäbe, mich um mich zu kümmern. Heute weiß ich, welch großes Geschenk er mir in Wirklichkeit gemacht hat: Er hat mich gelehrt, daß ich von niemand eine Erlaubnis brauche, um gut für mich zu sorgen.

Heute weiß ich, daß ich es früher wie heute immer nur für mich getan habe. Das hat er mir gezeigt. Und natürlich hat er ebensoviel davon wie ich. Je mehr ich für mich tue, desto zufriedener ist er.»

«Was, *er* ist zufriedener?» fragte der Neffe.

«Klar. Denn wenn ich gut für mich sorge», sagte das Tantchen lebhaft, «fühle ich mich wirklich lebendig und bin viel amüsanter. Und das mag dein Onkel!»

«Aber was tust du, Tantchen, wenn dein Mann ganz mit anderen Dingen beschäftigt ist? Wenn du dich ungeliebt fühlst?»
«Wenn keiner sonst mich mag, fühle ich mich schon ein wenig stehengelassen. Aber dann mag ich mich eben selbst. Ich tue irgend etwas für mich, das mir ein gutes Gefühl gibt – ich hole mir zum Beispiel meine Heizdecke, lege sie aufs Bett und stelle eine behagliche Temperatur ein.

Schon allein die kuschelige Wärme der Decke gibt mir ein Gefühl von Geborgenheit und Gemochtwerden.» Sie lachte fröhlich und fügte hinzu: «Da fühlt man sich so wohl wie im warmen Mutterschoß.

Du kannst auch flauschige Frottierlaken nehmen, um so ein Gefühl von Geborgenheit und Beschütztwerden zu bekommen.

Das Entscheidende ist, daß ich von niemand anderem verlange, ständig für mich da zu sein. Ich tue selber, was ich kann.

Ich gebe mir auch das Gefühl, bejaht zu werden, indem ich zum Beispiel meine Umgebung schön gestalte, denn ich weiß, daß ich von ihr beeinflußt werde.»

«Das geht mir genauso», stimmte der Neffe zu.

«Einmal habe ich große Fotos aus der Karibik gesehen, und schon beim bloßen Anschauen fühlte ich mich wunderbar. Deshalb habe ich dieselben Farben für unser Schlafzimmer verwendet. Ich ließ die Pfirsichtöne, das Beige und Blau von Sonnenuntergang, Strand und Himmel in Kissen und Teppichen wiederkehren. Sicher kann man sagen, das ist ja nur Dekoration, aber diese Farben bringen deinen Onkel und mich einfach in bessere Laune.

Am besten ‹nähre› ich mich, wenn ich mir eine schöne *Innenwelt* schaffe. Dein Onkel hat mich schließlich zu einer Einsicht gebracht, die mir mehr als alles andere hilft, meine Beziehung zu ihm zu genießen.

Wir sagen uns gegenseitig immer wieder:

Noch wichtiger
als geliebt werden
ist lieben

«Früher dachte ich», sagte das Tantchen dann, «auf der Welt gäbe es nichts Wichtigeres, als geliebt zu werden. Und dabei war ich in jener Lebensphase furchtbar unglücklich.»

«Das verstehe ich nicht», antwortete der junge Mann. «Ich denke immer noch, geliebt zu werden ist das Größte.»

Sein Tantchen blickte ihn forschend an und fragte: «Sag mir eins. Hast du schon einmal bei irgendeinem Menschen das Gefühl gehabt, genug geliebt zu werden? So daß du richtig ‹satt› warst?»

Um ihn nicht zu bedrängen, sprach sie weiter, ohne eine Antwort abzuwarten.

«Mein Wunsch, geliebt zu werden, oder schlimmer, mein Gefühl, ohne Liebe nicht leben zu können, hatte einen enormen Nachteil.»

«Was für einen?»

«Ich war dadurch von einem anderen Menschen völlig abhängig.

Ich hörte praktisch auf, für mich zu sorgen, sondern erwartete von jemand anderem, daß er das für mich täte. Das Paradoxe daran war, daß ich ausgerechnet in der Liebe, dem Wichtigsten, was es für mich im Leben gab, überhaupt nichts für mich tat!

Ich machte es wie die meisten. Ich wollte geliebt werden und hatte eine bestimmte Vorstellung davon, wie ich mich dabei fühlen sollte. Diese Vorstellung machte ich zum Maßstab für die Liebe meines jeweiligen Partners. Ich glaube, unbewußt habe ich sogar Noten an meine Freunde verteilt.»

Der Mann lächelte und sagte: «Erstaunlich, wie oft sie ‹mangelhaft› oder ‹ungenügend› sind.»

«Sind sie das denn?» fragte das Tantchen.

Der junge Mann schwieg nachdenklich.

Sein Tantchen fuhr fort: «Immer wenn ich um jeden Preis von einem anderen geliebt werden wollte, dauerte es nicht lang, und ich fühlte mich ungeliebt.»

Da kam dem Mann eine Erleuchtung.

Unglaublich, daß er das nicht eher begriffen hatte.

Während der Gedanke von ihm Besitz ergriff, sagte er langsam: «Und wenn du dich ungeliebt fühltest, fingst du an, dich deinerseits lieblos zu verhalten.»

«Ja», sagte das Tantchen. «Ich war früher am laufenden Band gekränkt, weil ich glaubte, nicht geliebt zu werden. Und dann zog ich mich zurück, oder ich wurde wütend.»

«Aber da du dich lieblos benahmst», bemerkte der junge Mann, «wurde es für deinen Partner schwieriger, dich weiter zu lieben.»

Je länger er über die Worte seiner Tante nachdachte, desto klarer wurde ihm, daß man auch ganz anders an die Liebe herangehen konnte. «Ich glaube, ich weiß jetzt, wie ich besser für mich sorgen kann», sagte er.

Die Tante lachte mit der Unbekümmertheit eines glücklichen Menschen.

«Heute vertue ich meine Zeit nicht mehr damit, andere dazu bringen zu wollen, mich zu lieben», sagte sie. «Heute liebe ich selbst.

Ich habe von deinem Onkel so viel über die Selbstfürsorge gelernt, daß *ich* jetzt *ihm* helfen kann, gut für sich zu sorgen. Und dadurch haben wir beide viel mehr voneinander.»

«In welcher Weise hilfst du deinem Mann, für sich zu sorgen?»

«Das ist ganz unterschiedlich», antwortete die Tante. «Wenn er zum Beispiel wieder einmal so furchtbar streng mit sich ist, ermahne ich ihn, toleranter mit sich umzugehen.

Ich weiß aus eigener Erfahrung, daß ich mich am wohlsten fühle, wenn ich mich selbst akzeptiere», sagte sie. «Und deshalb ermutige ich deinen Onkel, auch sich selbst zu bejahen. Ich erinnere ihn daran, daß wir um so mehr vom Leben und voneinander haben, je mehr wir uns selber akzeptieren.»

«Und wie reagiert der Onkel darauf?»

«Fast immer positiv, er hört dann eher damit auf, sich selbst zu geißeln. Und prompt geht es ihm besser.

Manchmal aber, wenn er innerlich noch nicht so weit ist, sagt er zu mir: ‹Ich werde mir gleich einen Sattel umschnallen, dann hab ich's wenigstens ein bißchen bequemer!›

Wenn wir wieder lachen oder zumindest lächeln können, sieht es dann natürlich schon wieder freundlicher aus – erst für ihn, und dann bald auch für uns beide.»

Der Mann fühlte sich gut in Gesellschaft seiner Tante. Sie steckte ihn mit ihrer heiteren Selbstbejahung an.

Doch schon stiegen wieder Zweifel in ihm auf.

«Aber du kannst mir doch nicht erzählen», fing er an, «daß das, was *du* tun willst, nie mit Onkels Wünschen kollidiert?» Er war selber überrascht, wie barsch seine Stimme klang, und es war ihm ein bißchen peinlich, so mit seiner Tante zu reden. Aber er wollte diesen Punkt unbedingt klären.

«Natürlich nicht», sagte sie. «Aber das geht doch auch gar nicht anders. Wie sagt dein Onkel immer? – ‹Am Ende tut jeder doch, was er will, da brauchen wir uns gar nichts vorzumachen.›

Wenn du zurücksteckst und gegen dein wohlverstandenes Eigeninteresse handelst, nur um es deinem Partner rechtzumachen, wirst du ihm das früher oder später gewaltig übelnehmen. Es ist dann nur eine Frage der Zeit, bis du, bewußt oder unbewußt, anfängst, es ihm heimzuzahlen.

Ich weiß, das klingt nicht schön», sagte das Tantchen, «aber so ist es nun einmal. Wenn du deinen Egoismus einem anderen zuliebe unterdrückst, fängt er nur um so stärker an zu wuchern. Und dann wird es erst so richtig unangenehm.

Indem jeder von uns hier und jetzt aufmerksam für sich selber sorgt, vermeiden wir, daß sich auf lange Sicht ein viel größeres Problem entwickelt.

Um dieses Ziel zu erreichen, teilen wir uns unsere Wünsche gegenseitig offen mit und sprechen uns ab, so daß jeder von uns so weit wie möglich auch das bekommt, was er braucht.»

«Wenn ich es richtig sehe», sagte der Neffe, «geht es also darum, daß ich mir zuerst das Recht nehme, mich auch solo wohl zu fühlen – auch wenn mein Partner im Moment davon nicht hundertprozentig begeistert ist. Aber wenn ich heiter und zufrieden bin, wende ich mich dann wieder mit einem positiven Gefühl meiner Umwelt zu.»

Das Tantchen nickte. «Und es ist ganz wichtig, daß du den anderen dieses gute Gefühl auch *zeigst*.

Das liegt in ihrem ureigensten Interesse. Und lockt ihr Interesse hervor.

Wenn dein Onkel mich darin bestärkt, gut zu mir selber zu sein, zeige ich ihm auf vielerlei Arten, wie sehr ich mich über seine Hilfestellung freue.»

Der junge Mann fragte sich im stillen: Ist das nicht zu schön, um wahr zu sein? Und dann fragte er seine Tante:

«Aber es kann ja nicht immer ganz ohne Konflikte abgehen. Wie verhaltet ihr euch, wenn's bei euch einmal kracht?»

«Natürlich haben wir ab und zu unsere Spannungszeiten. Aber wenn du immer so gut wie möglich mit dir und mit dem anderen umgehst, vermeidest du auf lange Sicht, daß sich gefährlicher Sprengstoff ansammelt.

Dein Onkel und ich, wir haben auch unsere Konflikte. Wir finden es nicht immer toll, wenn der andere etwas für sich macht, anstatt sich um uns zu kümmern. In Phasen innerer Unsicherheit kann es schon einmal vorkommen, daß wir uns ausgeschlossen fühlen.

Aber wenn wir uns dann so richtig arm und verlassen fühlen, gehen wir doch meist in uns und stellen uns die Frage: ‹Kann ich jetzt, in diesem Augenblick, nicht besser für mich sorgen?›

Dabei sehen wir fast immer, daß der andere ja nur das tut, was er gerade für sich braucht – und daß er danach wieder zu uns zurückkehren wird, zufrieden mit sich und uns. Dein Onkel und ich sind sehr glücklich miteinander», sagte das Tantchen.

«Wir haben beide einen Weg gefunden, uns selbst das zu geben, was wir brauchen. Und ich glaube, wir sind einander wirklich dankbar, daß wir uns gegenseitig dabei helfen. Und uns dafür belohnen. Weißt du, ich mag mich als die Person, die ich in der Beziehung mit deinem Onkel bin.»

«Dabei fällt mir ein Gedicht von Elizabeth Barrett Browning ein», sagte der Mann. «Da heißt es: ‹Ich liebe dich. Weil du bist, wie du bist. Weil ich bin, wie ich bin. Wenn ich bei dir bin.›»

Da klatschte das Tantchen in die Hände und rief: «Damit ist alles gesagt!»

FAST ZWEI MONATE waren vergangen, seit der Mann seine Tante besucht hatte. Er hatte inzwischen begonnen, das von ihr Gelernte in die Tat umzusetzen.

«Ich freue mich, dich zu sehen», sagte der Onkel, als sein Lieblingsneffe ihn wieder einmal besuchen kam. «Ich habe gehört, du hast dich beim Spazierengehen mit Tantchen gut unterhalten.»

«Und ob», antwortete der junge Mann. «Sie ist wirklich eine tolle Frau!»

«Stimmt», sagte der Onkel. «Sie ist ein wunderbarer Mensch. Hast du ihr ein bißchen was abgeschaut? Ich lerne immer noch von ihr.»

Der junge Mann sagte: «Ich habe von ihr erfahren, daß sie denkt, du hast heute eine sehr gute Beziehung zu ihr.»

«Das stimmt. Aber hat sie dir auch gesagt, daß wir zusammen schon ganz andere Zeiten durchgemacht haben?»

«Ja», sagte der Neffe. «Das hat mich ermutigt, in manchen Situationen mit meiner Frau und den Kindern auch etwas Neues auszuprobieren. Und ich muß sagen, wir kommen seither tatsächlich besser miteinander klar.»

Er schwieg einen Augenblick. Dann fügte er hinzu: «Eins verstehe ich nicht. Warum verbessert sich unsere Beziehung, wenn jeder von uns aufmerksamer für sich selber sorgt? Ich hatte immer gedacht, das sei egoistisch und destruktiv.»

Der Onkel antwortete: «Ich würde das gern an einem Beispiel aus deinem Leben erklären. Du hast gesagt, seit dem Gespräch mit Tantchen hast du angefangen, anders mit deiner Familie umzugehen. Kannst du mir sagen, wie du dein Verhalten geändert hast?»

«Ja, gut», sagte der junge Mann. «Also, gestern abend kam ich nach einem schlimmen Tag im Büro völlig erledigt zu Hause an.» Über dieses Klischee mußten beide ein bißchen lächeln. «Und dann hätte mir eine Lappalie um ein Haar den ganzen Abend verdorben.»

«Wie kam das?» fragte der Onkel.

«Ich wollte, daß Lisa mir durch ihre Begrüßung zeigt, daß sie sich über mein Nachhausekommen freut.»

«Und das hat nicht geklappt», schloß der Onkel hellsichtig.

«Na ja», sagte der Mann. «So richtig willkommen geheißen fühlte ich mich nicht. Meine Frau sagte kaum guten Abend. Daraufhin verzog ich mich erst einmal nach oben. Ich war sauer. Ich muß ziemlich abgekämpft gewesen sein, sonst hätte ich wohl anders reagiert. Als ich mir die Szene noch einmal durch den Kopf gehen ließ, hatte ich nur noch Mitleid mit mir selber.

Doch dann –» der Mann lächelte plötzlich – «fragte ich mich: Kann ich jetzt, in diesem Augenblick, auf konstruktivere Art reagieren?»

Er fuhr fort: «Ich mußte mir eingestehen, daß Lisa nicht gerade vor Begeisterung überströmte, aber sie hatte immerhin ‹'n Abend, *Liebling*› gesagt, und nicht ‹'n Abend, du blöder Kerl.›»

Der Onkel lachte. «Und dann hast du mehr auf das ‹Liebling› gehört.»

«Genau. Dadurch fühlte ich mich gleich besser. Am Schluß wurde es dann doch noch ein ganz vergnüglicher Abend.»

«Wie hast du das hingekriegt?» wollte der Onkel wissen.

«Ich habe mich an Tantchens Motto erinnert: ‹Wichtiger als geliebt zu werden ist es, selbst zu lieben.›

Ich entschloß mich einfach», sagte der Mann, «besser für mich zu sorgen, indem ich liebevoll zu Lisa war, anstatt darauf zu warten, daß sie mich liebte.

Ich dachte, das würde mir aus meiner miesen Laune heraushelfen. Und so war es auch. Ich nahm Lisa in die Arme und sagte ihr, daß ich froh war, zu Hause zu sein. Und daß ich sie liebe. Das gefiel ihr. Sie sagte, es tue ihr leid, daß sie so müde sei…»

«Nach einem schlimmen Tag», ergänzte der Onkel mit einem Lächeln.

«Du sagst es. Wahrscheinlich hatte auch sie an diesem Tag nicht besonders gut für sich gesorgt.»

«Ich bin immer noch verwundert», sagte der junge Mann, «wie gut die Minuten-Methode funktioniert. Wir sind jetzt so viel glücklicher miteinander!»

«Der Schlüssel zu einer guten Beziehung ist der Sinn fürs Ausbalancieren», erklärte der Onkel. «Das hast du eben vorgeführt. Es bedeutet, wir bestehen nicht darauf, daß der andere ständig an uns denkt. Du hast dich von deiner Erwartung, wie deine Frau dich begrüßen sollte, gelöst – und damit auch von deinem Ego. Und so konntest du auch deinen Schmerz loslassen.»

Der Onkel fügte hinzu: «Du weißt ja sicher, wie leicht sich solche kleinen Vorfälle zu einem großen Krach ausweiten können. Dazu kommt es, wenn einer oder sogar jeder der Partner in einer Beziehung nicht gut für sich sorgt.»

«Also klappt es am besten», sagte der junge Mann, «wenn beide besser für sich sorgen und jeder dem anderen bei der Selbstfürsorge hilft.»

«Hervorragend!» rief der Onkel. «Allmählich siehst du, wo es lang geht, wenn du eine wirklich gute Beziehung zu einem anderen Menschen haben willst.»

Der Jüngere sagte: «Der Schlüssel für mich ist demnach, erst eine gute Beziehung zu mir selber aufzubauen.»

«Richtig», sagte der Ältere. «Ich habe das auch nicht immer gewußt. Das war eine der schlimmsten Zeiten in meinem Leben.

Ich hatte das Gefühl, daß keiner mich mochte – noch nicht einmal ich selber. Aber ich ließ nach außen hin niemand etwas davon merken.

Damals habe ich etwas getan, was ich zuvor noch nie getan hatte und was mir hoffentlich nie wieder passieren wird», bekannte der Onkel.

«Und was war das?» fragte der Neffe.

Der Onkel begann: «Ich kam – ohne zu wissen warum – zu der Überzeugung, daß ich nicht fähig war zu lieben oder geliebt zu werden. Ich blieb manchmal tagelang im Bett, wobei ich mir einredete, ich sei einfach müde. Aber wenn ich heute auf jene Zeit zurückblicke, erkenne ich, daß ich deprimiert war. Irgend etwas war nicht in Ordnung mit mir, denn ich hatte mich immer für einen optimistischen Menschen gehalten.»

Der Besucher lächelte und sagte: «Und eine Depression hattest du sozusagen nicht auf der Liste.»

«Nein, nie.»

«Und warum warst du deprimiert?»

«Das ist der springende Punkt. Ich hatte keinen Grund, deprimiert zu sein. Im Geschäft lief alles glänzend. Ich hatte ein hübsches Haus und eine liebenswürdige Familie. Ich war nicht krank, ich hatte keine Probleme, zumindest keine, die ich hätte erkennen können. Aber im Lauf der Jahre legte ich mich immer öfter ins Bett – zum Ausruhen, versteht sich. Tatsächlich war es jedoch eine Flucht.»

«Eine Flucht wovor?» fragte der Mann.

«Ja. Eine Flucht vor mir selbst.» Der Onkel hielt inne. Als er weitersprach, blickten seine Augen sehr ernst.

«Was mir fehlte, war nicht die Zuneigung anderer Menschen. Die anderen konnten mich lieben, so sehr sie wollten, ich hatte einfach nie genug. Ich ließ sie nicht an mich herankommen.»

«Was war es denn, was dir wirklich fehlte?»

«Bevor ich die Liebe anderer Menschen annehmen konnte», sagte der Onkel, «mußte ich erst lernen, mich selber zu lieben.»

«Wie hast du das gelernt?» fragte der Neffe.

«Ich bemühte mich darum, aber es klappte nicht. Also habe ich zunächst nur versucht, mich zu mögen. Ich mußte klein anfangen.»

«Indem du aus dem Bett aufstandst?» fragte der Mann.

«Indem ich aus dem Bett aufstand», bejahte der Onkel und lächelte.

«Einmal lag ich zum Beispiel völlig kaputt da und wußte gleichzeitig verdammt gut, daß ich fast so lang gelegen hatte wie Dornröschen.

Aber irgendwann gab ich mir einen Ruck. Ich fing an, mich zu fragen: ‹Kann ich jetzt, in diesem Augenblick, nichts Besseres machen?›»

«War das der Augenblick, in dem du auf diese einfache Methode kamst?»

«Ganz genau. Sie entstand, als es so weit mit mir bergab gegangen war, daß selbst mein ‹altes Ego› zugeben mußte, daß ich die Orientierung verloren hatte.»

Beide Männer schwiegen eine Weile. Dann bemerkte der Onkel: «Um mich nicht noch einmal so weit zu vergaloppieren, halte ich auch heute noch immer wieder inne und stelle mir diese Frage.»

Der Neffe fragte: «Wie ist es dann mit dir weitergegangen?»

«‹Frischen heißen Tee soll man nicht in eine Schale mit kaltem altem Tee gießen›, sagten die alten Chinesen», antwortete der Onkel. «Erst wenn du dein altes Verhalten, das einfach nicht funktioniert hat, aufgibst, erst dann kann es besser werden.

Ich machte also als erstes Schluß mit dem, was nicht funktionierte. Ich verließ mein Bett. Wenn mich wieder die Versuchung überkam ‹auszuruhen›, fragte ich mich, ob es denn keine bessere Möglichkeit gebe.»

«Ganz offensichtlich hast du ja dann auch eine gefunden», sagte der Neffe. «Auf welche Weise hast du in jener Situation für dich gesorgt?»

«Erinnerst du dich noch an unser Gespräch, als du das erste Mal hierher kamst?» fragte der Onkel zurück.

«Siehst du, mein Neffe», fuhr der Onkel fort, «das war mein Ausweg. Ich fing an, besser für mich zu sorgen. Ehrlich gestanden, blieb mir keine andere Wahl, wenn ich nicht noch tiefer in Schwierigkeiten geraten wollte.

Ich begann, mich in verschiedener Hinsicht besser um mich zu kümmern, so wie ich es dir bei deinem ersten Besuch beschrieben habe.

Sobald ich anfing, regelmäßig und mehrmals täglich Eine Minute Für Mich zu investieren, traf ich für mich ganz andere Entscheidungen als vorher.

Ich bemühte mich, mir selber ebensoviel Aufmerksamkeit zuzuwenden wie meinen anderen Lebensbereichen. Dadurch besserte sich meine Situation und bald auch die Beziehung zu deiner Tante.»

Dem jungen Mann kam das alles immer noch ziemlich unwahrscheinlich vor.

Sein Onkel spürte seine Skepsis und fragte: «Stell dir vor, jemand, den du liebst, nimmt dich in die Arme. Versuche, das mal nachzufühlen. Was empfindest du?»

«Ich finde es wunderbar», sagte der Mann.

«Klar», antwortete sein Onkel. «Es tut gut, ab und zu in den Arm genommen zu werden. Aber nun stelle dir vor, daß der andere dir das verweigert.»

Überrascht blickte der Mann seinen Onkel an. Dann stellte er es sich vor. «Ich würde mich zurückgestoßen fühlen, gekränkt. Und ich wäre wütend.» Er hielt einen Augenblick inne und sagte dann leise: «Zu Hause fühle ich mich manchmal so.»

«Natürlich. Denn wer muß dich eigentlich in die Arme nehmen?»

Der Mann schwieg. Schließlich sagte er langsam: «Ich mich selber.»

«So ist es», sagte der Onkel. «Deshalb fühlen wir uns so viel wohler, wenn wir anhalten und ruhig werden und auf unser eigentliches Ich hören – jenen Teil von uns, der weiß, was wir eigentlich brauchen.

Wenn wir mit unserem eigentlichen Ich in Berührung kommen», sagte der Onkel, «fühlen wir uns so gut aufgehoben wie in der liebevollsten Umarmung.»

Dann fragte der Onkel seinen Neffen: «Kann dich denn ein anderer Mensch oft und warm und lange genug umarmen, wenn du selbst dich nicht genügend umarmt hast?»
Dem Mann ging ein Licht auf. Er antwortete: «Von den Dingen, die wir nicht brauchen, können wir nie, nie genug bekommen.» Er wußte auf einmal, wovon sein Onkel redete. «Solange ich nicht für mich sorge, bleiben meine grundlegenden Bedürfnisse unbefriedigt, und ich erwarte von den anderen, daß sie für mich tun, was nur ich allein für mich tun kann. Und dann können sie machen, was sie wollen, es reicht einfach nicht.
Ich komme mit meinen Beziehungen nicht zurecht, weil die anderen nicht meine Bedürfnisse erfüllen können.»
Der Onkel sagte: «Du machst Fortschritte!
Kannst du dir erklären, warum ein solches Verhalten nicht funktioniert?»
«Ich kann also keine wirklich gute Beziehung zu jemand anderem unterhalten», sagte der Neffe, «solange ich mit mir selber nicht gut stehe.»
«Kannst du das etwas positiver ausdrücken?»
Der junge Mann lächelte. «Die wichtigste Beziehung, die ich in meinem Leben jemals haben werde, ist die zu mir selbst.»
«Großartig. Und was gilt nun deiner Meinung nach in einer Zweierbeziehung?»
«Jetzt verstehe ich, daß ich erst dann eine gute Beziehung zu anderen Menschen haben kann, wenn ich zu mir selber und die anderen zu sich selber eine gute Beziehung haben.»
Der Onkel fragte: «Wie könntest du das so ausdrücken, daß du und die, die du liebst, etwas daraus lernen?»
Der junge Mann dachte nach und sagte dann:

Unsere Beziehung
kann uns beide
glücklich machen:
wenn ich eine habe
zu mir selbst,
und wenn du eine hast
zu dir selbst

«Jetzt hast du's verstanden!» sagte der Onkel lachend. Doch dann fügte er hinzu:

«Aber bist du auch bereit zu geloben, daß du immer zu dir und zu deiner Familie stehen wirst?

Ich weiß noch genau», fuhr er fort, «wie Tantchen mich eines Tages zu einer Art Gelübde meiner Familie gegenüber aufforderte. Damals ging es mit uns ständig auf und ab, und ich hatte erst keine besondere Lust, darauf einzugehen.

Sie wollte auch nicht nur einfach einen ehelichen Treueschwur. Nein, es ging um viel mehr.»

«Was solltest du geloben?» fragte der Neffe.

«Daß ich, was auch geschehe, nicht davor wegliefe... Daß ich nicht wegginge oder Tantchen um die Trennung bäte, wie mutlos und bitter ich auch sein mochte.

Im Grunde bat sie mich um das Versprechen, nicht vor *mir selbst* wegzulaufen.»

Der Onkel fuhr fort: «Sie sagte, wenn ich daran festhielte, werde auch sie nicht vor sich davonlaufen. Oder falls es doch dazu käme – und sei es auch nur, daß sie sich innerlich von der Familie entfernte –, werde sie so rasch sie könne zu sich selbst und zu uns zurückkehren.»

«Die Verpflichtung bestand also in Wirklichkeit darin, daß jeder versprach, gut für *sich selber* zu sorgen», erkannte der junge Mann. «Und eine Möglichkeit dazu ist eben, nicht vor sich selber wegzulaufen.»

Der Onkel sagte lächelnd: «Heute wird sich deine Frau sicher sehr freuen, wenn du nach Hause kommst.»

Der Onkel sagte: «Ich habe deine Besuche in den letzten Monaten genossen. Sie haben mir zu Bewußtsein gebracht, wieviel schöner mein Leben heute ist als in jener Zeit, als ich so unglücklich war.»

Er fügte hinzu: «Es ist seltsam, mich daran zu erinnern, daß ich Zeiten gehabt habe, in denen es mir gar nicht so gut ging.»

Dabei wirkte der Onkel heiter und im Einklang mit sich.

Den Neffen hatten die Unterhaltungen mit seinem Onkel sehr ermutigt. Er wußte jetzt, wenn er wollte, würde sein Leben eines Tages genauso erfüllt sein.

In der Tat hatte es sich schon zum Besseren gewendet. Er mußte nur seine Bedenken lange genug zur Seite schieben, um das, was er für sich und seine Familie als positiv erkannt hatte, auch zu *tun*.

«Komm in einiger Zeit wieder, wenn du Lust hast», schlug ihm sein Onkel vor.

«Laß mich wissen, ob es mit eurem Familienleben weiter aufwärts geht, wenn ihr anfangt, einander bei der Selbstfürsorge zu unterstützen.

Wenn ja, dann gibt es etwas noch Wesentlicheres, das du und deine Familie und deine Nachbarn vielleicht gern kennenlernen möchten.»

Damit ging der Onkel hinaus, während sich der Mann schnell noch ein paar Notizen machte, um die wichtigsten Punkte des Gehörten immer parat zu haben.

Dann ging er in den Garten, um sich bei seiner Tante und bei seinem Onkel zu bedanken.

Fürsorge für Uns:
Zusammenfassung

Ich komme besser mit anderen Menschen aus, wenn ich bedenke:

- Nachdem jeder von uns gut für sich gesorgt hat, können wir einander unser eigentliches Ich, unser wahres Selbst zeigen.
- Wenn wir glauben, eine Beziehung könne alle unsere Grundbedürfnisse erfüllen, erwartet uns eine schmerzliche Enttäuschung.
- Wenn jeder von uns sich selber stützt und stärkt, können wir uns anschließend gegenseitig besser stützen und stärken. Wir können liebevoller zueinander sein und uns mehr aneinander freuen.
- Wichtiger als Geliebtwerden ist selber lieben.
- Wenn jeder von uns besser für sich sorgt, haben wir zwar vielleicht im Augenblick kleine Meinungsverschiedenheiten, gehen aber viel schwereren Konflikten in der Zukunft aus dem Weg.
- Unsere Verpflichtung lautet, nicht vor uns selbst wegzulaufen, sondern gut für uns selbst und gut füreinander zu sorgen.
- Unsere Beziehung kann uns beide glücklich machen: wenn ich eine habe zu mir selbst und du eine hast zu dir selbst.

Vierter Teil

WAS DIE WELT GEWINNT

ER SOLLE WIEDERKOMMEN, wenn er noch wichtigere
Dinge wissen wolle, hatte der Onkel zu seinem Neffen gesagt.
Der junge Mann hatte sich daran gehalten. Das war eine ziemlich weite Reise für ihn geworden in den vergangenen drei Monaten, in denen er immer wieder seinen Onkel besuchte. Er
hatte eine Menge von ihm gelernt.

Als er in das Zimmer seines Onkels kam, sah er die Wände
voller Bücher und in der Ecke den Globus.

Der Mann dachte an das erste Gespräch zurück, als sein Onkel den Globus gedreht und gesagt hatte, die anderen, die genauso von unserer Selbstfürsorge profitieren wie wir, könnten
unsere Familienangehörigen oder auch Fremde auf der anderen
Seite der Erde sein.

«Ich fange an einzusehen», begann der junge Mann, «daß es
zum Frieden beitragen kann, wenn ich gut für mich sorge.»

Sein Onkel lächelte. «Wie bist du darauf gekommen?»

«Weil ich erfahren habe, daß ich, wenn ich gut zu mir bin,
nicht aggressiv bin», antwortete der Mann. «Ich bin gelassener.
Und ich sehe jetzt, daß Frieden nur möglich ist, wenn wir Liebe
empfinden, nicht Wut – vor allem Liebe zu uns selbst.»

Er fuhr fort: «Meiner Frau und meinen Kindern ist aufgefallen, daß ich viel friedlicher geworden bin.

Als sie merkten, wie gut mir die Selbstfürsorge tat, wollten sie
von mir beigebracht bekommen, besser für sich zu sorgen. Jetzt
finden wir uns alle gegenseitig viel angenehmer.

Wir sind eine glücklichere Familie geworden», sagte der junge
Mann.

«Man sieht es dir an, daß du glücklicher bist», bemerkte der
Onkel. «Dann verstehst du jetzt wohl auch, was das heißt:

Wenn jeder Mensch
auf Erden
erst besser für sich sorgt,
fühlt jeder Mensch
auf Erden
viel besser sich versorgt.
Und dann
sind schließlich wir so weit,
daß wir uns
umeinander sorgen.

«Das ist nicht bloß ein frommer Wunsch», sagte der Onkel. «Es ist eine reale Möglichkeit, genau wie für dich und deine Familie.»

Skeptisch fragte der junge Mann: «Aber was soll denn jemand, der arm ist und womöglich noch in einem Unrechtsstaat lebt, in einer Minute ändern?»

«Ich kann es nicht an seiner Stelle sagen», antwortete der Onkel. «Aber wenn er wirklich anhält, sich den Überblick verschafft und auf das Gute in sich hört, wird er es selber herausfinden.»

Dann fing der Onkel an, seinem Neffen ein paar Fragen zu stellen. Er wußte, daß er die Antworten in sich trug.

«Wann ist es für uns wichtiger, gut mit uns selber umzugehen – wenn wir gut klarkommen, oder wenn es uns gerade nicht so gut geht?» wollte er wissen.

«Wenn es uns nicht gut geht», antwortete der Jüngere. «Es kann ja sein, daß niemand da ist, um uns zu helfen. Dann müssen wir uns selber unter die Arme greifen.»

Der Onkel stimmte dem zu. Dann fragte er: «Was macht dich eigentlich glücklicher, wenn du im großen oder wenn du im kleinen für dich sorgst?»

Der Mann antwortete: «Es überrascht mich immer wieder, aber es sind tatsächlich eher die unauffälligen Sachen, die das meiste bringen. Wenn ich zum Beispiel meine Einstellung zu einem Problem ändere.»

«Das meine ich auch», sagte sein Onkel. «Manchmal ist es so gut wie unmöglich, schreckliche äußere Bedingungen zu verändern. Aber die Bedingungen in uns können wir alle beeinflussen.»

«Was meinst du», fragte er dann seinen Neffen, «wenn jeder in den kleinen Dingen, auf die er Einfluß hat, besser für sich sorgt – wäre er dann nicht weniger wütend auf sich selber und gelassener? Wäre ein Mensch, der weniger wütend ist, nicht eher geneigt, sich mehr um seine Mitmenschen zu kümmern?

Und wäre nicht die ganze Welt besser dran», fragte der Onkel weiter, «wenn sich alle – und vor allem die, die in Schwierigkeiten stecken – selbst besser umsorgten?»

Der junge Mann dachte darüber nach.

«Du behauptest also nicht, daß dadurch alle Probleme auf der Welt gelöst würden», sagte der junge Mann. «Aber wenn alle Menschen *besser* mit sich umgingen, egal wie das konkret aussieht, ginge es auf der Welt *friedlicher* zu. Die Menschen wären *weniger wütend* aufeinander.»

«Genau», sagte der Onkel. «Natürlich ist es kein Allheilmittel, aber wir alle haben etwas davon, wenn jeder einzelne besser für sich sorgt. Und wenn wir uns darin einig sind: Ich sorge für *mich*, und du sorgst für *dich*. Wir ziehen alle an einem Strang. Das ist das Höchste an Freiheit und Selbstverantwortung.

Wenn wir unsere Verantwortung wahrnehmen, besser für uns zu sorgen, sind wir weniger auf unzuverlässige Organisationen angewiesen.

Aber», schränkte der Onkel ein, «wir müssen eine Balance finden zwischen direkter Hilfe, die manche vorübergehend brauchen, und Hilfe zur Selbsthilfe, durch die sie lernen, besser für sich zu sorgen.

Ich weiß nicht, ob du schon gehört hast, daß eine Gruppe von Leuten plant, an der Westküste der Vereinigten Staaten eine Statue zu errichten, als Gegengewicht zur Freiheitsstatue.

Diese ‹Verantwortungsstatue› soll unserer Fähigkeit gewidmet sein, auf das Gute in uns zu antworten – und dadurch unsere persönliche Freiheit zu verwirklichen.»

Das Gesicht des jungen Mannes hellte sich auf. «Ich hatte Verantwortung bisher immer für eine lästige Pflicht gehalten, der ich ganz gerne ausgewichen wäre. Jetzt verstehe ich, daß sie in Wirklichkeit eine Fähigkeit ist, die ich habe, um auf die Welt, in der ich lebe, zu ‹antworten›. Das finde ich gut!

Jetzt verstehe ich auch das Selbstverständliche», sagte er dann nachdenklich. «Frieden beginnt bei mir.»

ALLEIN ZU HAUSE, viele Monate später, dachte der Mann über alles nach, was er von seinem Onkel gelernt hatte.

Er fände es zwar wunderbar, wenn sich in der Welt als ganzer die Dinge zum Besseren wenden würden. Aber das hatte ihn nicht davon abgehalten, die unmittelbare Herausforderung anzunehmen und seine *persönliche* Welt zu verbessern.

Statt zu versuchen, die Welt oder die Menschen in seiner Umgebung zu ändern, hatte er sich selbst geändert. Und das Ergebnis war, daß er sich heute viel glücklicher fühlte.

Er hatte gelernt, in seinem Leben eine Balance zu finden.

Am Anfang hatte er noch gefürchtet, Selbstfürsorge könnte egoistisch sein. Aber inzwischen hatte er erkannt, daß es egoistisch war, *nicht* für sich zu sorgen, denn das brachte für ihn und für die anderen große Probleme mit sich.

Er hatte die Heiterkeit entdeckt, die wir erreichen, wenn wir uns gleichermaßen um unser Ich, das Du und das Wir kümmern.

Dieser Wandel hatte sich auch auf seine persönliche Sichtweise ausgewirkt.

Das Leben erschien ihm jetzt viel lebenswerter, nicht nur, weil er gelernt hatte, Aufmerksamkeit und Fürsorge zu geben. Sondern weil er auch gelernt hatte, Fürsorge *anzunehmen*.

Je freigiebiger er sich selber Liebe und Zuwendung gab und diese auch akzeptierte, desto mehr hatte er anderen zu geben. Er hatte gelernt, sich ebenso oft und ebenso gut um sich zu kümmern, wie er sich um andere kümmerte.

Schon als Kind hatte man ihm beigebracht, Geben sei seliger als Nehmen, so daß es ihm immer schwergefallen war, etwas von anderen anzunehmen.

Vielleicht hatte er sich in der Rolle des Gebenden wohler gefühlt, weil er als Empfangender die Dinge nicht unter Kontrolle hatte.

Nun brachte er Geben und Nehmen ins Gleichgewicht.

Wo niemand nimmt, so hatte er erkannt, kann auch niemand geben.

Er hatte gelernt, sich selber Fürsorge zu geben und auf der anderen Seite auch Fürsorge von sich anzunehmen. Er spürte, daß er viel gelassener geworden war.

Der Mann entdeckte, was weise Menschen zu allen Zeiten gewußt hatten: *Ich trage die Antwort in mir.*

Er mochte die Vorstellung vom eigentlichen Ich, die sein Onkel ihm vermittelt hatte. Sie würde ihm helfen, in seinem Leben stets das herauszufinden, was ihn glücklich machen konnte.

Der junge Mann hatte jedoch einen anderen Namen dafür gefunden. Er nannte jene tiefe Weisheit, die er in sich trug, lieber seine «Intuition». Es hatte sich herausgestellt, daß er, sobald er auf seine Intuition hörte, klügere Entscheidungen fällte.

Er sagte sich: Ich kann, genau wie alle anderen Menschen, die Antwort auf meine Probleme finden, wenn ich auf diese innere Stimme höre – auf mein eigentliches Ich.

Mit Egoismus hatte dieses intuitive Wissen nichts zu tun. Er dachte: ‹Wenn ich meinen Egoismus aufgebe, gewinne ich das Gute in mir, mein eigentliches Ich.›

Ihm war bewußt, daß er nur dann, wenn er von seinem egoistischen, nach Kontrolle strebenden Selbst loskam, mit einer höheren Macht in Berührung kam. Möglicherweise war dies die Macht, die viele «Gott» nannten: das Göttliche in ihm – jener innere Bezirk, in dem er weiser war als ein alltägliches Ich.

Egal wie er ihn nannte, der Mann wußte, er hatte eine verläßliche Quelle ruhiger Kraft gefunden.

Die eine Minute, die er sich oft schenkte, um anzuhalten, den Überblick zu gewinnen und zu horchen, brachte ihn in Verbindung mit dem, was sein wahres Selbst war. Er ahnte, daß noch weitere Entdeckungen auf ihn warteten.

Das war erst der Anfang eines lebenslangen Weges.

Der Mann hörte einen Wagen in der Einfahrt. Seine Frau kam mit den Kindern nach Hause. Er freute sich, seine Familie zu sehen.

Er wußte, daß er seiner Familie ein großes Geschenk gemacht hatte: Er ließ sie an seinem eigentlichen Ich, an seinem wahren Selbst teilhaben. Seine Frau und seine Kinder kamen nun besser mit sich selbst und mit ihm aus.

Das galt auch für die Menschen, mit denen er arbeitete.

Zu Hause wie im Beruf waren seine Beziehungen besser geworden.

Bevor er aufstand, um seine Familie zu begrüßen, dachte er noch einmal an all diejenigen, die ihr Geheimnis mit ihm geteilt hatten: die Dame in der Geschäftsführung seines Onkels, deren Mann, der Maler, das Tantchen und natürlich der Onkel selbst.

Sie alle hatten ihm ihr Bestes gegeben.

Sie hatten ihn gelehrt, sich selbst und anderen Menschen gegenüber zu einem harmonischen Geben und Nehmen zu kommen.

Zufrieden registrierte er, wie viele Notizen er sich «unterwegs» gemacht hatte. So konnte er die wesentlichsten Punkte an andere weitergeben.

Es war gar nicht einmal alles neu, was er gelernt hatte. In der Tat bekräftigten die meisten Einsichten, die er gewonnen hatte, nur, was er tief im Innern bereits gewußt hatte.

Neu war jedoch, daß er eine Möglichkeit gefunden hatte, inmitten der Betriebsamkeit seiner gewohnten Umgebung immer wieder auf produktive Art mit sich allein zu sein. Die Methode war sehr einfach, aber sie brachte ihm einen hohen Gewinn.

Er hatte das Geheimnis eines ausgeglichenen Lebens entdeckt! Als Dank an diejenigen, die ihm geholfen hatten, und aus Liebe zu sich gab er sich das Versprechen:

Mein wahres Selbst
schenke ich
mir selbst
und den anderen Menschen

Ende

 Anhang

 # Danksagung

Es waren viele Menschen, die mir im Laufe meines Lebens zu der Einsicht verholfen haben: Je besser ich mit mir selbst umgehe, desto hilfreicher ist das für mich und andere. Einige von ihnen sollen auch öffentlich ein Wort des Dankes ausgesprochen bekommen:

Dr. Herbert Benson für alles, was er mich gelehrt hat über Stressabbau durch Entspannung.

Dr. Kenneth Blanchard, mein Freund und Co-Autor bei dem Buch «Der Minuten-Manager», für alles, was er mich – durch sein Beispiel – lehrt über den Wert einer heiter-gelassenen Grundeinstellung zum Leben.

Dr. Harold Bloomfield dafür, daß er mir gezeigt hat: Den besten Rat gibt man sich selbst.

Norman Cousins für alles, was ich von ihm gelernt habe über das Lachen und über die Änderung der eigenen Zukunftsperspektive.

Sharon Huffman, die mir gezeigt hat, wie man etwas Schönes kreiert und wie nützlich ein Grundriß für das eigene Leben ist.

Dr. Gerald Jampolski, der mich erkennen ließ, daß man seine Ängste loslassen muß, um liebens-wert zu werden.

Im Verlag William Morrow: Larry Hughes, Al Marchioni, Sherry Arden, Tom Consolino, Cheryl Asherman, John Ball, Liney Li, Jennifer Williams, Lela Rolontz, Barbara Stevenson, Joan Amico und besonders Pat Golbitz, weil sie mir und meinem Vorhaben Vertrauen geschenkt haben.

Dr. Gerald Nelson, dem wir «The One Minute Scolding» verdanken: er hat mir viel beigebracht über Erziehungsmaßnahmen und über den Unterschied zwischen Verhalten und Wertvorstellungen.

Dr. Carl Rogers, von dem ich gelernt habe, wie ich inneren Frieden schaffe in mir selbst und äußeren Frieden mit meinen Mitmenschen.

Barbara Curl, James Durbin, Constance Johnson, Madeline Johnson, Ron Zollars und meine Literaturagentin Margaret McBride: sie haben mich immer ermutigt und menschlich unterstützt.

Besonders aber meine beiden Söhne Cameron und Emerson: sie lehren mich täglich, was menschlicher Umgang eigentlich ist.

Über den Autor

Spencer Johnson ist eine international anerkannte Kapazität für zwischenmenschliche Kommunikation.

Er hat bahnbrechend gewirkt auf dem Gebiet der medizinischen Wissensvermittlung. Vor über zwanzig Jahren begann er damit, komplizierte wissenschaftliche Zusammenhänge so aufzubereiten, daß sie von einem breiten Publikum verstanden und auf das Alltagsleben angewendet werden konnten.

An Dr. Johnsons Büchern zeigt sich die Schwerpunktverlagerung in der Medizinpublizistik der letzten beiden Jahrzehnte: vom Arzt zum Patienten, vom Patienten zum Gesunden.

Mitte der sechziger Jahre veröffentlichte er «Moments with Medicine», eine Reihe von Lehrbüchern zur ärztlichen Fortbildung.

Als einer der ersten erkannte Dr. Johnson die Bedeutung von Stress fürs Gesundbleiben und Krankwerden. Viele Patienten quälen sich mit Sorgen und Ängsten vor dem Unbekannten, das die Erkrankung und der Medizinbetrieb mit sich bringen. Um solche schädlichen Beunruhigungen möglichst auszuräumen, brachte Dr. Johnson Anfang der siebziger Jahre eine neue Buchreihe heraus mit dem Titel «DocuBooks». Die einzelnen Bände dieser Reihe informieren umfassend und doch leicht verständlich über Nutzen und Nachteile, Sinn und Risiken der verschiedenen medizinischen Untersuchungsmethoden, Tests, Behandlungsweisen und Operationen.

Von 1974 bis 1979 erschien «ValueTales», eine weitere Buchreihe von Spencer Johnson, die das Ziel verfolgt, Kindern zu einem besseren Selbstbewußtsein zu verhelfen, damit sie sich gesund weiterentwickeln können. Diese Serie war seinerzeit der große Bestseller auf dem Kinderbuchsektor.

Anfang der achtziger Jahre wandte Johnson sich wieder einem neuen Themenkreis zu: gesund bleiben in der Arbeitswelt. 1982 brachte Spencer Johnson zusammen mit Kenneth Blanchard «The One Minute Manager» heraus. Das Buch wurde ein Welterfolg mit Millionenauflage. Die deutsche Ausgabe erschien 1983 bei Rowohlt unter dem Titel «Der Minuten Manager». 1984 folgte «The One Minute Sales Person» von Dr. Johnson und seinem Co-Autor Larry Wilson. Wieder ein Riesenerfolg – auch in der deutschen Ausgabe von 1985 («Das Minuten Verkaufstalent», Rowohlt).

Nach dem Diplom in Psychologie an der University of Southern California machte er seinen medizinischen Doktor am Royal College of Surgeons in Irland. Seine Facharztausbildung erhielt er an der Mayo-Klinik und an der Harvard Medical School.

Dr. Johnson war Medizinischer Leiter der Abteilung Kommunikation bei Medtronic, einem der ersten Hersteller von Herzschrittmachern, und Forschungsmediziner am Institute for Interdisciplinary Studies, einem sozialmedizinischen Think-tank in Minneapolis. Außerdem war er tätig als Berater für Kommunikationsfragen am Center for the Study of the Person und an der School of Medicine der University of California in La Jolla, San Diego.

Bislang sind die Bücher von Spencer Johnson in vierundzwanzig Sprachen übersetzt und weltweit in über neun Millionen Exemplaren verbreitet.